今日店休

93岁旧书店主写给生活的情书

[日] 坂本健一 著
吴菲 译

新星出版社 NEW STAR PRESS

引言

一直以来贫穷地活着。

一直以来匍匐地活着。

抬头望天，太阳就在那里。

虽然相当遥远，虽然未能靠近，

但搜寻一番，也有我那颗小星星，发出微微的光。

生命幽微，仅此一次。

在无法重来的人生中，我摸索着相宜的活法，

不觉已过了天寿。

如今的我，已如一块废弃的破布。

借着大家的支持与帮助，

我步履蹒跚走到今天。

连滚带爬，苦苦挣扎，一次次跌倒。

就像那被踢打、被踩踏

却一次次从巷子的石缝间冒出新芽的无名杂草。

坚韧、茁壮、自强不息，
今天我依然坐在店里，不再患得患失。
因为我已没什么可失去的了。

“死”，在隔着一道门帘的前方等着。
如同死囚等待着传唤，
我的心颤抖着。
无论是谁都要面对的“死”，于我已近在眼前。

不，也许早已过了大限。
而我还活着。
为了做某些事。
为了某些需要我做的事。

青马（天津）文化有限公司
出　品

目录

第四章　给病中的妻子寄去爱的明信片

第五章　在亡妻的护佑下生活

结语

第一章

对书的热爱，伴我一路走来

战后黑市里开了六十七年的旧书店

我在大阪市北区一个叫黑崎町[①]的地方，经营着一间旧书店。书店在昭和二十一年（一九四六年）开张，算算到今年已是第六十七个年头，我也九十岁了。

最初开店完全是迫不得已，店址设在大阪大空袭废墟的一处黑市里。那是在第二次世界大战刚结束不久，我退伍回家，看到一家人都因营养不良瘦得不像样子。父亲是船场少爷出身，坚决“不吃黑市米”，所以我只能另想办法。四下打量，发现家中有一堆岩波文库的书，完整的一百册，是我从军前

①位于大阪东区和南区，自古为大阪富商云集的商业中心。译注，下同。

上夜校时买的。家里值钱的也就这些书了，我把它们分装在五个煤箱里，搁在门板上，用板车拉到御堂筋的大阪歌舞伎剧场前，摆起了书摊。

心里当然是不情愿的，那可是我一百多天不吃午饭才省下钱买的。而且我一直认为书是用来读，而不是拿来卖的，心疼得就像血被抽走一样。可是不卖就没饭吃，能有什么办法。

没想到，书很快卖掉了。大概是因为地段好吧，一口气全卖光了。

那是战后不久没水没电没有煤气的时期，居然会有人读普鲁斯特的《追忆逝水年华》，是不是很不可思议？卡夫卡、萨特也很好卖。那时的日本人对这类文学书有很大的需求，对知识满怀憧憬。正因如此，日本才得以复兴吧。是读书这种行为形成了内在的原动力，我一直这么认为。

岩波文库的书卖光以后，我还卖过《酒糟》杂志①，那是我向掌握货源的霸道大叔跪求才得来的。此外，我也得到过朋友们的慷慨相助。我在部队时的长官，当时是纺织公司的高层干部，把他战争时私藏的左翼读物都给了我。从当铺老板的儿子那里，我得到一百多册面向青少年的讲谈版“立川

①日本战后不久，趁出版自由之机，面向大众发行的娱乐杂志。

文库”故事书。

就这样收书卖书，大概做了有一年时间，驻日盟军总司令部下令关闭了黑市。我在天神桥五丁目租了个门面重新开张，就是现在的天满市场附近。

店休日海报收获意想不到的好评

“青空书房”这个店名出自《青空浪人》和《青空剑法》，当时正走红的作家山手树一郎先生的小说。既然是自己经营书店，我希望心境能像蔚蓝的天空那般明朗爽快，就取了这个名字。

之后我结了婚，有了孩子。在孩子蹒跚学步的时候，把店搬到了现在天五中町大道的商店街。搬迁是因为原来的地方建了天满市场，经常有卡车出入，我担心孩子跑来跑去会有危险。

从繁华地段搬到僻静街区，生意肯定会受影响，但有什么比孩子的生命更重要的呢？这样做我并不后悔。然而真到开张的那天就惨了。房租降了一半，可营业额也减少到原来的五分之一。

那以后我拼命工作，一年三百六十五天，每天从早上七点忙到夜里十二点，不管多累都坚持下来。大年初一也不休息，害得妻子一直跟我受苦。就这样总算在商店街把店开下去。

可岁月不饶人啊。十多年前我患了脑梗塞，右眼看不见了。不稍事休息不行了，于是就把每周的周四、周日定为休息日。周四在店里收拾整理，周日就完完全全放松一天。

到了休息日，我就在店外的卷帘门上贴出“今日店休”的海报，想着客人难得来一趟，不写点儿什么表示一下心意似乎说不过去。于是，就把当天的想法写下来、画下来。

不知怎么，有些人期待看到我的海报。他们特地在店休日来，还拍了海报发到博客上，没想到竟然一传十、十传百。

陆陆续续有几家电视台来采访，还有人把我之前画的二百多张海报收集起来办了海报展。年近九十，我的生活突然忙碌起来，真是了不得。

我一直喜欢画画、写文章，只是默默无闻久了，如今倒有一种“怎么现在才大受好评”的感觉。大器晚成也不坏，虽然早已过了被关注的年龄。

既然有人对这些海报产生共鸣，总算让我感到欣慰。看了海报之后想读书的人，哪怕增加一个也好啊。

阅读就像呼吸，书就是我的人生

不光写海报，看店的时候，我也常会跟客人聊天。

开书店的人性格大多比较沉闷。让客人凭自己的感觉选书，不主动搭话可说是一条默认的原则。很少有人会像我这样，对客人说“这本书很有趣”之类的话。还好我搭过话的客人，大多还会再来。

请一定要读书。

不论是海报，还是向店里的人推荐好书，我想传达的都是这个意思。不管重复多少遍，我都要说：读书会让你的人生变得丰富多彩，眼界变得更加开阔。假如不读书，你对人生的所知只有五十的话，那么读了书之后，就会增加到一百甚至一百五。

现在和二战刚结束时不同，那时人们渴求知识，而现在书本已进入饱和时代，读书的人越来越少。不读书可是人生的巨大损失啊。虽然一个卖书的这么说，大概会被认为是为了做生意，不太有说服力。

对我来说，阅读就像呼吸，书就是我的人生。大概因为年纪大了，近来胃口变得很小，我觉得饭吃不吃都行，但忘了读书可不成。

我依然每天读书。至于读多读少，那要看客人的数量了。人不多的时候，一天能读两本文库本。经常是正读到精彩的地方，有客人走进店里，我就说："稍等，让我先读完这段。"是不是很不巧？难得的是客人也愿意等。

高价收低价卖，是为了让年轻人多读书

来我店里卖书的人很多。有的人先拿到大书店去卖，结果价格被压得很低，就来我这里了。我会尽量给个高价。一本书得不到恰当的估价，是我不能容忍的。当然我没法全部接收，可还是会尽最大的努力。

或许是因为价格低廉，店里生意还不错，资金周转也还顺畅。有人会质疑，高价买来低价卖出，这生意怎么做？在这一点上，无论如何我是不会妥协的。

如果不便宜卖，年轻人就买不起啊。我年轻的时候也没什么钱，经过多少辛苦才买上几本想读的书。很早之前，我就对妻子说过："咱们要做别人双倍的工作，卖别人一半的

价钱。”为此我连一件生日礼物都没给她买过，我想她能明白我的这种信念吧。

读书不需要学历。特别是年轻人，我希望你们能不加选择地广泛阅读。不用从第一页读起，想读哪页就读哪页好了。如果觉得没意思，管它是什么名著，中途放弃好了。

坚持读书，你的个人价值必能得到提升。你将成为一个内涵丰富的人，一个真正意义上的儒雅少年、优雅女子。

人人都爱田边圣子

“有什么好看的书吗？”不时有人这样问。客人适合读什么样的书，只要聊上一两句我就能大致了解。看他拿起的书，或是看他的手伸向哪里，我就能判断出他的喜好。

不论跟谁，有一位日本作家都可以放心推荐。不管是老人还是年轻人，不论学养高的人还是平时不太读书的人，都毫无例外地喜欢，就像一剂万灵丹。她就是田边圣子。没人能比得过她。像《源氏物语》这类的经典，读了田边女士的现代文译本，大多数人都会说：“原来这么有趣啊！”

因为太喜欢她，我甚至写了热情洋溢的信：“老师，我太喜欢您了！”因为这封信，我们成了朋友，我还去她家拜访过几次。

我认为像她那么有正义感的人实在少见。

退伍以后，我一直爱读《古事记》和《万叶集》。《古事记》是从太古时代男女交合写起，一直写到人死后将成为怎样的存在。也就是说，这本书告诉我们，对人而言，最重要的是交合，其次就是死后的世界。得出这样的看法是上了岁数之后的事，年轻时只觉得“这书里怎么跑出来这么多神灵啊”。

即使是同一本书，因读者年龄和经验的不同，感受的方式也会有所变化。同一本书反复读几遍，你一定会有新的发现。

《万叶集》是一部内容丰富的和歌集，淳朴地歌咏了性的欢愉、离别的悲哀。作歌的人上至天皇下至罪民，无所不包，囊括了人的一切生活和情感。我觉得流行歌的歌词都是以《万叶集》为原典的，至今读来仍感人至深，真是一本好书。

我推荐的书，如果客人说“很有趣”就太好了，他一定会喜欢这本书。我希望自己的读书经历、体验、浅见能对别人有所帮助。不过我知道，也不能管得太宽了。

不论营业日还是店休日，都能从顾客那里获取能量

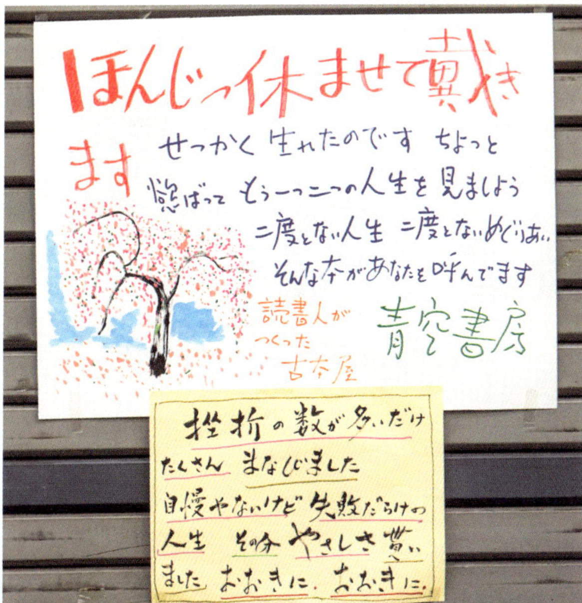

旧书店“青空书房”位于天五中崎通商店街，就在大阪市营地铁谷町线中崎町站旁（距东梅田站仅隔一站）。

与卖书的人热烈谈论书。“高价收，低价卖”是坂本先生的开店宗旨。他祈愿着书与人的相遇。

店里不仅有常客，还有慕名而来的读者，与他们聊天是坂本先生最大的乐趣。

卖书就像留下遗言

书读多了，就会客观地看待自己，就会出现另一个“我”。这个“我”变成一个客体，会叱责自己：“你究竟在干什么？”或激励自己：“快踏出这一步！”这是人生中非常重要的成长。

我年近九十突然上了电视，并不会因此高兴得忘乎所以。因为那个冷静的“我”会对我说：“别太狂妄了，骄傲自大要不得。”妻子和美在世的时候，每当我要偏离正道时，她总会提醒我。现在她不在了，只能靠我自己了。

说到书，重要的是读完后能学到东西。一个人活着，并不只是呼吸空气、吃喝拉撒就完了，要用头脑思考，要为了行动而学习。不读书，宝贵的人生就白白浪费了。

各位读了书，觉得有意思，我就很开心。每天我都怀着这样的期待在卖书。卖书就像留下遗言一般。

在休息日贴海报，大约是十年前开始的，从未间断过。后来我上了电视，来看海报的人也多了。有时我会想，也许是和美担心她不在了我太寂寞，才把大伙儿聚到这里来的吧。

年过九十我还能保持健康，真是多亏了这家店。各种各样的人来访，孤身一人的我也不觉得寂寞了。

书店是个交流的场所，除了跟我说话，客人也能互相聊起来。在某种意义上，来书店的人都是因为喜欢书才聚到一起，自然有很多共同话题。素昧平生的人在店里相识，又去咖啡馆深聊，有的成了恋人，有的还结了婚。

到了这把年纪，我觉得开旧书店是开对了，但这一路也经历了种种曲折。最近孙子说想继承这家店。开书店可是很费心的买卖，不知他是不是了解。

近来不读书的人越来越多，不喜欢纸质书的人也越来越多。对一个人来说，这可是很大的损失。

我问他们："为什么不读书？"有人回答说："书太重了。"

比起手机什么的，书或许很重，但是他们却没想到，那份重量会带来相应的收获。还有人说："翻页太麻烦。"

还有一个很大的原因：没有读书习惯的人，很可能是还没读到让他觉得有趣的书。

以前店里来过一位中年女人，她说："小时候穷得上不起学，虽然努力学会了认字，可生活太辛苦了，一直拼命工作，所以从没读过杂志以外的书。"我当时就想，这样的客人最适合读山本周五郎，就建议她不妨读读看。她再来店里的时候，一直说："真是好书啊！"自那以后，她买了一本又一本周五郎的作品，最后还问我："全都看完了。接下来看什么书好呢？"

就这样，通过我的书店，哪怕多一个人把书当朋友，我也会感到由衷地欣喜。我经营书店为的就是书与人的相逢。

最初画海报是用挂历纸的背面什么的，最近有人特意送纸给我，说是"用不着的纸，您用吧"，我很感激。

常有人问我，图画和文字是怎么构思出来的。其实根本没什么，我只是把当时想到的东西画出来而已，也不打草稿。

我平时就大大咧咧的，一旦对什么事着迷，就会忘了别的事，所以画画的时候什么都不想。看着画出来的东西，有时会自以为"画得很不错嘛"，有时则会觉得"这是什么啊，乱七八糟的"。

无论多么辛苦，
只要走进书店就会精神抖擞

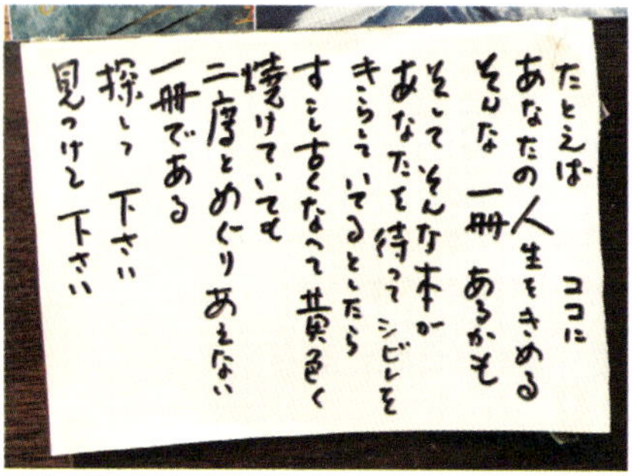

"也许某一本书，将会决定您的人生……它正等待着您。"这张字条很容易勾起人们寻宝的兴致。

收购旧书，诚意为重，书价是实实在在的。不收成人杂志是因为和美不喜欢。

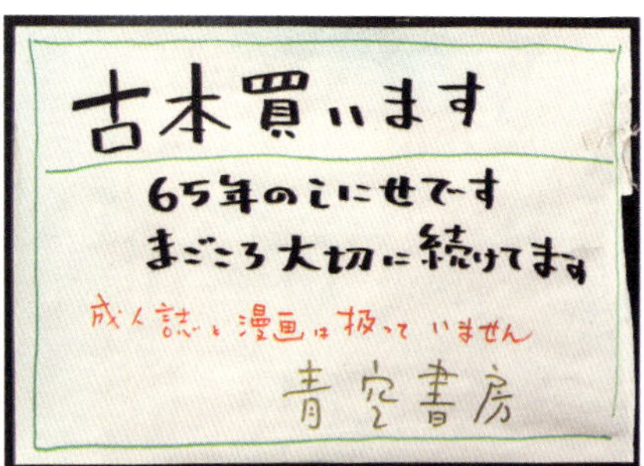

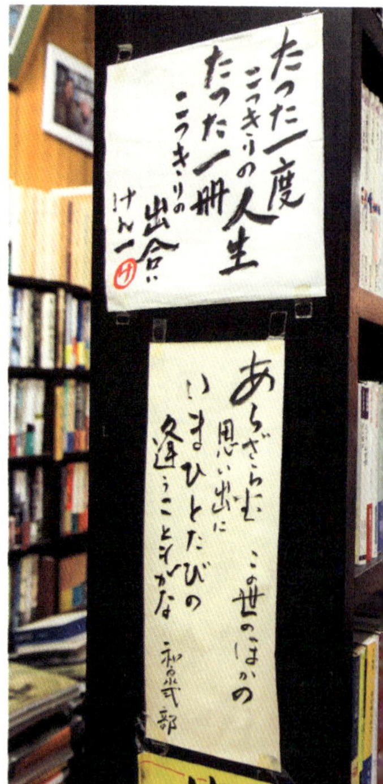

和泉式部的和歌："此生将尽时，愿携回忆往。仅此一回见，可否再相逢。"在店里也有这样的相逢。

小小的店里贴着很多纸条，写满我的心里话，但愿能传达我的心意

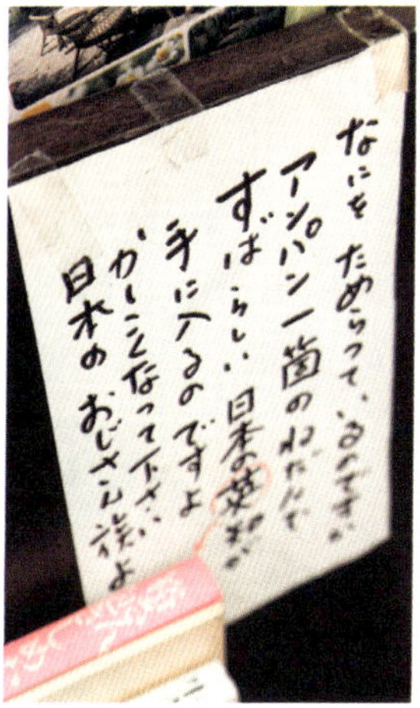

“一个豆沙包的价钱，就能买到日本的伟大智慧。”一些中年大叔也被坂本先生的热情感染。

“因为是好书，更要便宜卖。不是甩卖，只是想让更多人体会读书之乐。”这是青空书房一直以来的信念。

在每本三十日元的盒子里，贴着“价钱极其便宜，但也是宝贵的书籍，请勿粗暴地对待它们”的纸条。坂本先生对每一本书都倾注了爱心。

在店休日的前一天里画海报，没有草稿，全凭即兴

随手拿起各色彩笔在纸上写写画画。画海报时全神贯注，一言不发，全身心投入其中。

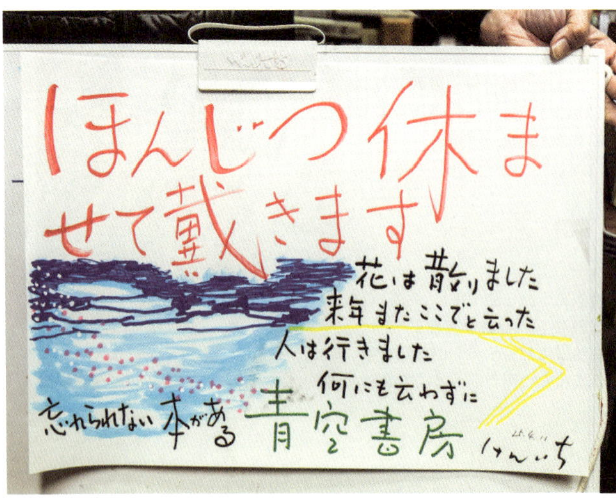

2013 年 4 月 11 日，星期四的海报：“花谢了，相约明年今日的人走了，没留下一句话。但你还有那本难以忘怀的书。”那天写了些感伤的句子，配图是花瓣飘落在水面的样子，很有季节感。

活着就是学习　要读书　要选择

生命短暂幽微　更要全心全意卖好书

为书赌上性命　哪怕只有一本

也要将好书送到您手里

书等待着人　人等待着书

这里是　人与书的约定之所

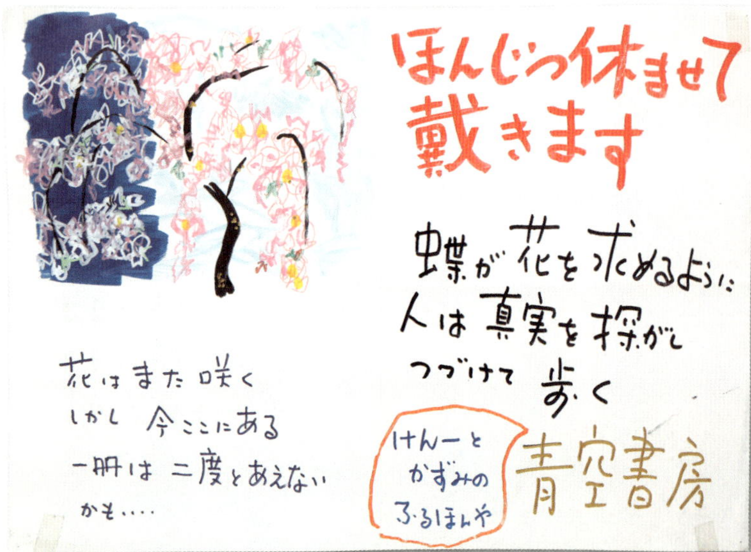

蝴蝶寻觅着花朵　人类探求着真知　都要不断前行

花会再开　但此刻的这本书　可能不再遇见……

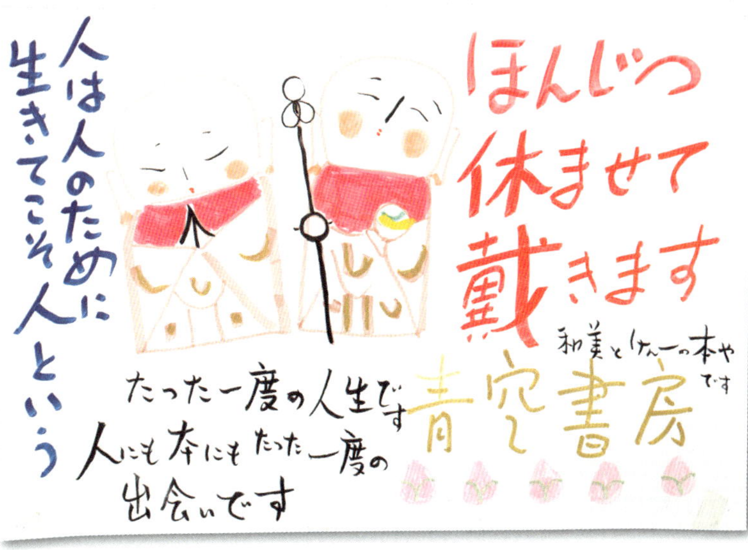

有意义地活着　才可称之为人

仅此一次的人生　仅此一次的相遇

不论是人　还是书

人生只有一次　请与好书相遇

一心一意爱着书　直到八十八岁

人生可没有备用的钥匙

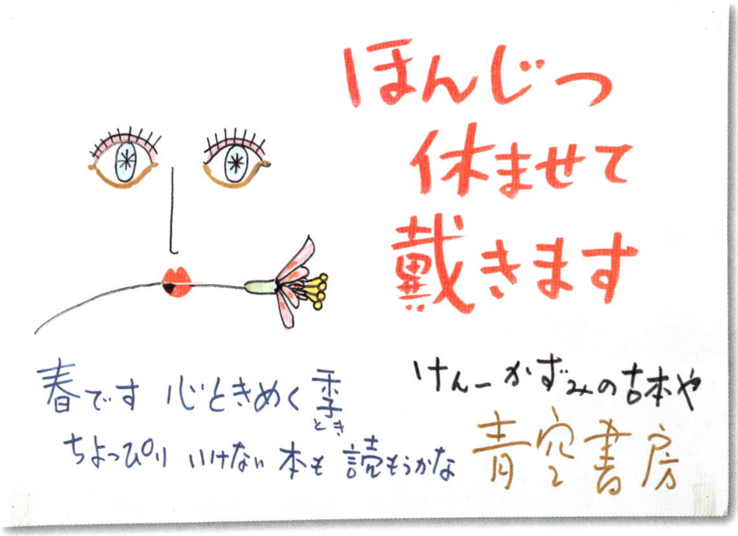

春天　心动不已的季节

要不要读本出格点儿的书呢

在这生意盎然的季节　打起精神读书吧

读书能延长生命呢

因为读书　所以为人

若只会说废话　未免虚掷生命

秋色已浓　请好好想想　你的人生要如何度过

思索与冥想

这个季节　书就是恋人

秋色已浓

且读且思之人　才是美的

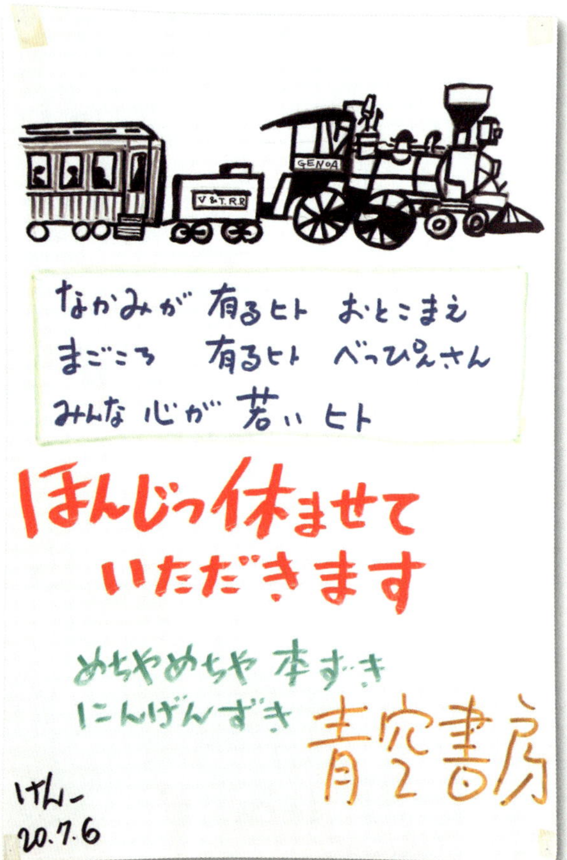

有内涵的人　儒雅　有真心的人　美丽

愿人人都有一颗年轻的心

无可救药地喜欢书　喜欢人类

天空日渐高远　正是立志做事之时

读书　可给予你力量

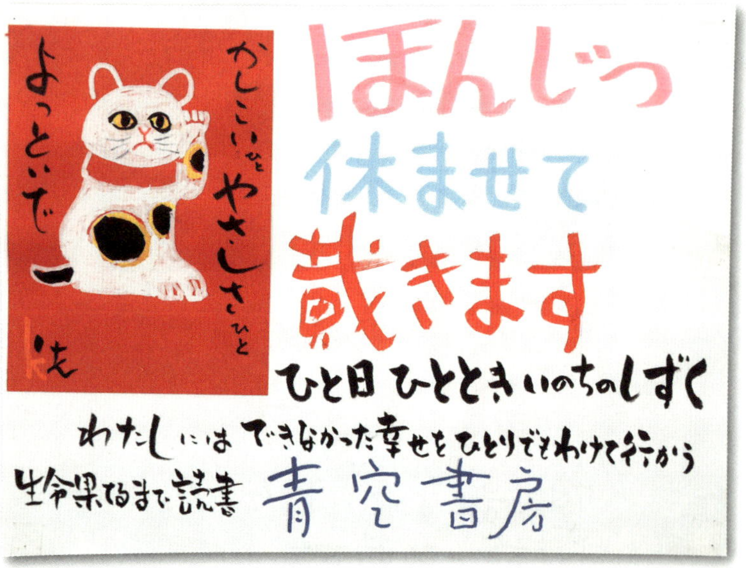

每日　每刻　皆是生命的涓滴

愿将我未能享受的幸福　分送给更多人

读书　直到生命终结

跌倒和失败

是人生的开始

幸而有书陪你共度

当你厌倦了生活

这里的书可给你安慰

来吧　找到属于你的那一本

曾因一本书而得救

虽然不断遭受挫折与失意

但那本书总会给我勇气

如今　我迎来人生的收获季节

愿将长久以来积攒下的感动

分享给每一个人

若能给世人一点点帮助

我便知足了

算是人生店铺的关门大酬宾吧

而期限　我无从知晓

第二章 在海报中倾注真心话

父母私奔后建起的家，我已住了九十年

大正十二年（一九二三年）四月三十日，我出生在大阪北区的黑崎町，就是现在住着的这所房子里。如今我九十岁了，还住在这里。

黑崎町靠近北区的闹市，现在变得相当热闹。但我出生时，这儿还是个冷清的地方。父母被家里赶出来后，沦落此地。

父亲是娇生惯养的船场少爷，家里经营药品批发，他排行老二。母亲出生在四国的德岛，是个苦孩子，自小过继给别家，没能好好上学。父亲喜欢上她时，她在一间樟脑店做女佣。因为身份不同，遭到众人反对，他们却不顾一切，在位于大阪

偏僻一角的杂居屋安下家来。

我的名字“健一”是父亲取的，大概是希望我“健康第一”吧。父亲虽然做药品生意，身体却十分虚弱，成天生病。偏偏他又好酒，晚上总少不了要喝上两杯。心情好的时候，他会模仿相声演员或说书先生的语调，哼唱几句小曲歌谣什么的，还会让母亲弹三弦，他自己拉小提琴。

毕竟少爷出身啊。真是个爱搞各种花样的老头儿。

我家一直很穷。母亲时常包上一些东西，说“出去一趟”，问她去哪儿，答“一六银行[①]”。其实就是当铺。

父母虽然是相互喜欢才在一起的，但一有不顺心的事，父亲便对母亲拳打脚踢，拿她撒气。母亲只是咬着牙一味忍耐，甚至饭桌被掀翻时也一直忍着。小时候，我觉得母亲太可怜了，如今回想起来却觉得：一定是因为母亲爱着父亲吧。

爱读书，能绘画，归功于父亲的培养

我时常受到父亲的责打，也许他一心想把我这个长子培养成材吧。他曾捆住我的手脚，把我吊在门楣上，还曾用被子把

①当铺的暗语。一加六等于七，“七”在日文中与当铺“质屋”同音。

我裹起来塞进壁柜。现在看来，差不多算是虐待儿童了。

他曾是个出入声色场所的花花公子，喜欢文学和绘画。他常买一份叫《新青年》的杂志，但因为家里太穷，只能在夜市上买几本旧的，还得瞒着母亲藏在壁柜里。那时的《新青年》刊登了大量侦探小说，像是埃勒里·奎因、江户川乱步、梦野久作等作家的作品经常出现在上面。我也很喜欢读。

我喜欢上读书，是因为父亲在穷困中容许了读书的奢侈，也可能是遗传了父亲的基因。

说起来，从儿时开始，我就爱文学作品胜过娱乐性质的侦探小说。记得小学四年级时，我初次读到芥川龙之介，感动不已。我还喜欢岛崎藤村。那时我总是拼命读日本文学。

父亲最喜欢的日本作品，是佐藤红绿写的。父亲特别喜欢看贫苦之人胸怀凌云之志，孤身奋斗的故事。他看重正义和纯真，最恨奸诈。他对邻里中有势力的人直言不讳，因此招人烦。我好像继承了他的这种性格。

还有一件事，令我对父亲心怀感激。父亲喜欢画画，写明信片时一定要配上画。他很重视我的绘画天分。也不知他是从哪里凑来的钱，让我去中之岛朝日会馆办的“朝日儿童学院”学习。虽然只有两周时间，却是由黑田重太郎、田村孝之介这样赫赫有名的画圣手把手地教……我简直就像吸水纸一样，拼命地学习。父亲严厉而贫穷，却给了我这辈子最好的礼物。

人生处处有我师

我认为能克服贫穷的只有知识，所以不顾一切地用功读书，可小学时的最好成绩只是第十六名。那时我们称老师为“训导”。我的训导对我说：“反正你也升不了中学，不如把名次让给糕点铺、和服店的孩子吧。”因此虽然我的成绩都是甲，却只排在第十六名。

不过，我并没有感到不平，也没觉得不合理。穷人的小孩不能升学，这就是当时的社会情况，我接受了这个结果。

十三岁那年从学校毕业后，我上了夜校，同时进了当时日本最大的化妆品公司LaitCreme的总店——平尾赞平商店，工资仅十六日元[①]，少得可怜。我的工作是打杂，端茶倒水清洗痰盂都干过。不得不用手去擦洗黏乎乎的浓痰，那种屈辱的感觉至今难以忘记。

---

①昭和十一年（一九三六年），大学毕业的银行职员平均工资是六十日元，女性职员的平均工资是二十九日元。

也不全都是坏事，我也遇见过好人。宣传部长田边先生总是鼓励我，还教导我说："玩儿是好事，尽情地玩儿吧。但要一直记得追问自己'人生是什么'。"他是我的第一位人生导师。

再怎么说，每月十六日元的工资根本帮不到家里。大概工作了一年，我转到明治制果株式会社，在那里遇到了我的第二位人生导师——宣传部的椿先生。他对我说起画家佐伯祐三和小出楢重，还告诉我："佐伯祐三作画，就像是从颜料管里挤出自己的生命。如果画画，你也要以那样的精神去画。"

直到战后，第一次去看了佐伯祐三的画展，我才明白那句话的含义。我平常不容易情绪激动，但画展太过精彩，震惊加上感动，我连站都站不稳了。我几乎是爬到百货店拐角的电话亭，打电话求好友来接我。我说："我到了个要命的地方，现在动不了了，站也站不稳，快来救我！"

遇见好导师是人生的福分。正因为接二连三的美好邂逅，一路得到各种教诲和支持，我才走到今天。从这个意义上说，我虽然受过穷，但一直深感自己运气不错。

边工作边上夜校的日子里，读书是最快乐的事

转到明治制果之后，我的工资除了交学费之外，能给父母的依然只有一点点。省下午饭钱用来买“岩波文库”是我那时唯一的乐趣。

过着最贫困的生活，会读什么书呢？其实，不一定就是那些写给无产者的书。那时拯救我的是武者小路实笃的《人生论》。那是一部与我当时的境遇有着天差地别的作品，但世间竟有如此明朗、自在的想法，真让我恍然大悟。

在明治制果，我的工作是每天用自行车搬运黄油。一箱黄油重约六贯目[①]，三箱摞起来约十八贯目，大概有六十八公斤。我又瘦又小，体重才四十五公斤左右，却要把黄油从南久宝寺运到位于上本町六丁目的近铁食堂，途中还要经过生国魂神社的坡道。那坡道非常陡，按说我绝对上不去，但每天还是都蹬上去了。

怎么做到的呢？因为每次到了坡脚，一定会有人从后面推我一把。总有人说“小兄弟，我来帮你一把”，然后用力推车，直到坡顶才松手，扔下一句“加油啊”就走了。因为载着货物，我没法回头，只能说声“多谢了”。虽然从没见过他们

---

①日本计量单位。1 贯目为 3.75 公斤。

的脸，但那些帮助我的人当中，肯定有年轻人，也有年长的工人。从那个时候我开始相信，就算又穷又苦，也一定会有伙伴向我伸出援手。

多次遭遇险境，居然奇迹般生还

有一天，我把黄油搬进公司的冷库后，不小心反锁了门。冷库门是双层的，无论我怎么敲、怎么喊，都没人察觉。那里的温度在零下十度，待久了会有生命危险。

不可思议的是，当时我并没有惊慌失措。我听到另一个自己说："你是天才，会得救的。先慢慢吃点奶酪吧。"对啊，先要补充体力。于是我就吃了冷库里存放的奶酪。

冷静思考之后，我把仓库里的灯弄短路了。整个公司突然停电，电工大叔慌慌张张跑下来把我救出去。他大发脾气，狠狠揍了我一顿。但那拳头却让我很开心。真难忘啊！

也许是因为从小坚持读书，身体里有另一个自己，所以才能客观地做出判断吧。

说到生死危机，二战时我曾遇到过很多不可思议的事。夜校一年级的时候，我应征入伍，进了陆军通信队。同期入伍的人里，有七十八人上了运输船，而夜校的学生因为训练天数不足留了下来。后来，那艘运输船被炸沉了。

我们这些捡回性命的人，在八户里连日接受训练之后，被派驻到茨城县的矛田。乘坐运送列车时，前面的车厢全被炸毁，里面的人无一生还，我们却奇迹般平安无事。

在茨城，为防备敌人登陆，我们每天没完没了地在岸边沙滩上挖战壕。有一天，在霞浦做无线演习时，遇到美军格鲁曼战斗机的机枪扫射。我心想这回肯定没命了，可脑海里又有个声音说“这子弹应该不会打中吧”。这时，“嗡”的一声，格鲁曼战斗机低空飞来，只见一个年轻的美国兵朝我挥了挥手帕就飞走了。

后来，美军联合舰队在九十九里滨的外海集结，计划在本土登陆。要是没有八月十五日的玉音广播①，我们就该“玉碎”了。

种种恋爱悲喜剧

过去的年轻人是抱着什么想法去打仗的呢？我觉得，他

①天皇宣布投降的广播。

们一心想着的，是守护自己的恋人，做恋人的护盾。不是为了父母兄弟，而是为了恋人，否则很难有拼命的决心。人的内心深处，就是会这样想。

我曾有个恋人，说好了要结婚的。她是个美女，长得像女演员劳伦·白考尔。应征入伍之后，我好不容易才得到一次外宿许可，就去找她，那时我们第一次接了吻。

接下来的过程，就像通俗恋爱小说一样。可我父母怎么也看不上她。我打仗回来后，本以为她会高高兴兴地迎接我，哪想到她只留了一封信，信里说："我等过你，可你父母好像很讨厌我，所以我放弃了，嫁给一个比我大十多岁的人。我嫁得远，不要来找我。"当时我特别伤心。

我父母中意的是四国的一户富裕农家的女儿。但只是对方一相情愿。我不在家的日子里，她带着大米、豆子、水果等各种吃的来我家，我父母高兴得不得了。这个姑娘很大方，但长得不好看，实在不是我喜欢的类型。虽然心里过意不去，但我还是趁她回家后找个理由分手了。

几年后，我们都已各自结了婚，哪想到她却突然跑来大阪，说："你才是我真正的丈夫。"我大吃一惊，妻子的脸色也很不好看。她说在咖啡馆等我，我怕谣言传开，就去见了一面。我对她说："我们都是结了婚的人，有自己的家庭……”她说：“我现在的丈夫只是暂时的。你才是我真正的丈夫。我想跟你生孩子。”

我劝她说：“你这想法太不合情理了！”她穿着精致的和服，竟然就在咖啡馆里对我破口大骂：“胆小鬼！你这个没出息的胆小鬼！”我真不知怎么办才好，又不想让人看热闹，只好赶紧逃回了家。

对战后的日本感到绝望，一度想过自杀

我是在战前国粹主义的教育下长大的，而战后民主主义完全否定了我“之前的人生”。共产主义的话，我倒还能理解，可我怎么也不明白民主主义。看见日本女人跟美国人勾肩搭背，附近的年轻姑娘站在梅田街头卖春，这让我陷入了对人性的怀疑。

我觉得日本变成一个无可救药的国家，我对一切都感到绝望，于是决定寻死。我买了一把匕首揣在怀里，茫茫然地想找地方自杀。对呀，横竖是死，何不死在我喜欢的天王寺公园。这样想着走了出去，途中却看见了美术馆。看看画再死吧，我想着。

那里正在举办马蒂斯的画展。

世界上怎么会有这么美丽的色彩！我受到极大冲击。与以前所知的绘画世界截然不同，马蒂斯的创造力震撼着我，好像在教导我：人生就是创造。突然感觉好像死去的细胞都复活了。我想，对呀，我也要描绘人生。

马蒂斯救了我的命，绘画拯救了我。我是这么认为的。生命本是上天赐予的，即使你想放弃，也不能那么轻易地放弃啊。

那时我已做起了旧书生意。然而生病的父亲需要用钱，收入几乎全都花在了医药费上。

妻子是个纯净、直率、泼辣的女人

店是我一个人开的，没人替我看店的话，不能去上厕所，也没法吃饭。不过，那时有个男人老赖在我家。他白天一直在店里帮我打杂、记账什么的，晚上才回家。我没有聘用他，只是图方便，就用一用他。

其实他是个男同性恋，那美貌简直能跟当年走红的丸山明宏[①] 媲美。他好像是以我的店为据点，四处跟人联络。他说我不是他喜欢的类型，叫我“哥哥”，很敬重我。

可我不能一直靠他帮忙啊。我想有个人能帮我照顾父母，于是去相亲找媳妇。

在大阪市天神桥六丁目，曾有一家婚姻介绍所。只要提交健康诊断书，就能给你介绍条件相当的对象。我相了二十七回亲，大多是我先拒绝了对方——被拒绝多丢人啊，而且对方的人生观我总是无法苟同。

第二十八回相亲，是居民自治会的会长为我介绍的。他说远房亲戚有个女儿，问我要不要见一面。于是我见到了和美。

和美家在和歌山县的高野山北面，是个秘境般的地方。她在那里出生、长大，是个不谙世事、纯洁无瑕、像野菊花一样质朴的姑娘。而我却是一个在俗世中长大、在黑市上做买卖的男人。上天竟然赐给我一位这么清纯的女子，我高兴得二话没说就定下了婚事。

婚礼是在昭和二十五年（一九五〇年）四月二十日办的，我二十六岁，和美二十岁，可她后来竟然变成全世界最可怕

①日本著名歌手、演员，生于一九三五年，与三岛由纪夫、川端康成、江户川乱步等交谊甚深。后改名为美轮明宏。

新婚不久的健一与和美。健一总是夸赞妻子是“繁茂夏草中的一枝独秀”。因为父亲生病新婚旅行没能成行。

“女儿奈穗子和儿子正纪。店里一年到头都是赤字经营，和美却能把家计安排妥当，教出的两个孩子听话又懂事。”

的老婆，我真是做梦都没想到啊！

结婚第三天，她就直截了当地对我说："你呀，真是没出息！你压根儿就没考虑将来对不对？"

我当时想,眼光真够厉害的。她是在深山里长大的姑娘,说话就是那么直率。

刚结婚时我很强势，一不满意就"啪！"的一个耳光打上去。从前丈夫对妻子动手并不是什么稀罕事。哪想和美"啪！啪！啪！"地还了我三巴掌。我心想可真不好意思，后来再也不敢对她动手了。

刚好大宅壮一发明了"恐妻"这个词，我家的情况正是如此。与其说是"恐妻"，不如说是"猛妻"。父亲嘴很损，说我是"乌鸦海带卷",意思是我被"嘎嘎[①]"叫唤的老婆像卷海带一样卷成了一捆，被欺负得抬不起头来。我倒并不在意。

和美照顾我父母实在是尽心尽力。父亲七十岁过世，为他送终之后，和美对我母亲就像对自己的妈妈一样好。母亲吃了一辈子苦，在父亲过世后第一次坐火车、品尝美食、观赏戏剧。母亲去世之前，和美一直精心看护，九十三岁寿终正寝时，她是念叨着感谢的话走的。

---

①日语中，乌鸦的叫声"嘎嘎"与"老婆（kaka)"同音。

“和美对书不太感兴趣，也不爱做生意。但我出去晃悠的时候，都是她帮我照看店里。她是个爽快和气的老板娘。”

书店开了六十七年，人生的大部分时间都在这里度过。“整日里跟客人聊天，读喜欢的书。有奇怪的客人来，就偷偷画他的速写。”

把书店交给和美，悠然画石佛去也

不论是以前还是现在，青空书房都不出售色情杂志，因为和美不喜欢那种书。

当然我认为色情小说也是文学的一部分，色情杂志的存在是自然的事，而且销路很好。同行的朋友甚至对我说：“你不卖色情杂志，买卖居然还做得起来。”我说：“我也想卖啊，可是和美生起气来太可怕。”然后就被他嘲笑了。

卖色情杂志的话，客人确实会多一些，但我不希望来的那些客人也会找上门来。如果卖了色情杂志，店里的氛围可能就不是今天这样了。这么一想，更觉得和美有先见之明，这一切多亏了她。

和美不怎么读书，对旧书店的生意也不太积极。怎么说呢，她不是讨厌这桩生意，主要是因为不怎么赚钱——店里卖得最好的只有每本三十日元的文库本。和美时常对我说："求你了，别开旧书店了，去上班吧。你上班挣钱的话，我就不用这么辛苦了。"

我们生了两个孩子，一个男孩和一个女孩。年龄小的男孩送他上了大学。我不知道和美究竟是怎么省吃俭用，在穷困之中，她一定吃了不少苦。她真是好样的。

我真是太幸运了，娶到这么一位能干的妻子。于是，我时不时地把店交给她照看，自己以"去采购"为借口到外面走走。其实是拿着相机和小本子在街上晃悠，寻访先贤们的足迹，做大阪乡土历史研究。这可说是一种个人修行，但在外人看来就是享乐吧。我有时会去平野的护城河，还走到过堺市[1]。

我对石佛深感兴趣，位于北区的几百尊地藏菩萨像，我全画下来了。我四处去看展览，一个不漏地看过去，还自夸："我的人生就是看画。"和美常对人说："他呀，喜欢历史和绘画，可厉害了！"这也鼓励了我。

①位于大阪府中南部的一个城市，面朝大阪湾。

“我喜欢草根阶层的乡土历史，因为能从中感受到庶民的灵魂。去送货时，往往绕进小巷，忙着去寻访地藏菩萨了。”

人生即绕路

我不知道　从哪里开始算绕路

因为绕路　所以途中耽搁

没有比途中耽搁更快乐的事

也许　绕路才是货真价实的人生

对书的爱洋溢在海报之上

一本书　就是一次人生

读三本书　等于享受了三次人生

读书是活着的证据　书是活的

读书　能使有限的人生

得到三倍的乐趣

读书　就像母亲的乳房

柔润温暖　抚慰我心

不读书的人越来越多

生在此世不读书　实在令人惋惜

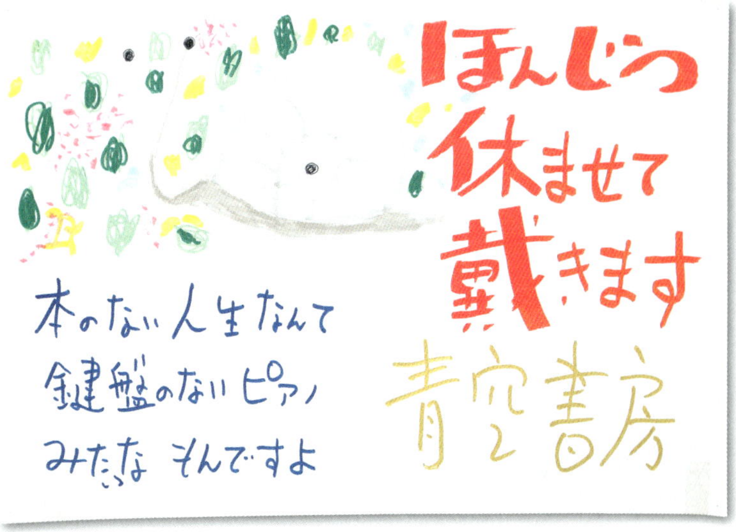

没有书的人生

就像没有键盘的钢琴

不读书的人

是失去了翅膀的鸟　真的哦

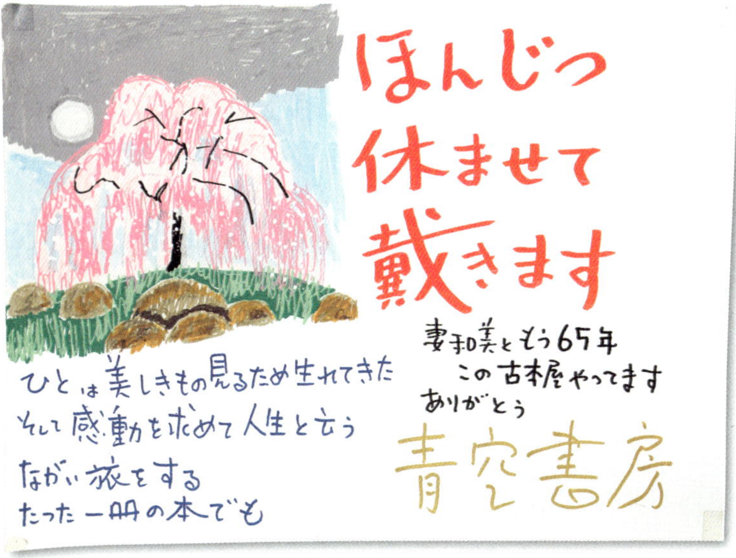

人是为了观看美好的事物而生的

是为了寻求感动　行走于人生的漫长旅途

哪怕只是一本书

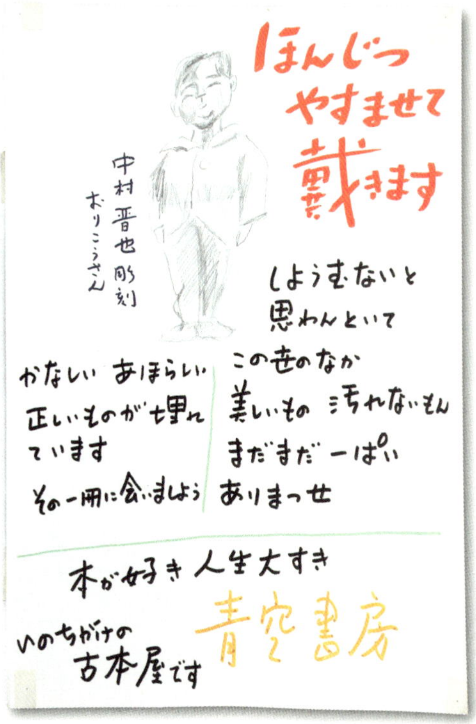

不要想“算了吧” 在这个世界上

还有许许多多美好的 清纯的事物

值得我们痴迷 悲哀 埋首其中

让我们邂逅那样的一本书吧

中村晋也雕塑《乖孩子》

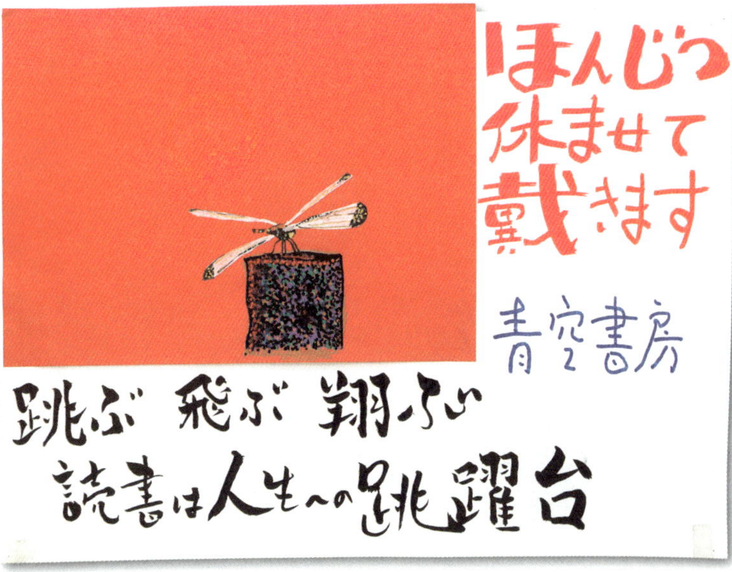

蹦跳　飞跃　翱翔

读书是人生的跳板

这里也有　一朵花的生命

虽然短暂　却凛然绽放　是剧毒　也是良药

读书　可以让你后背长眼睛

不论是谁　都看不见自己的后脑勺

能让你看见后脑勺的　是读书这件事

筒井康隆先生年少时曾来卖书

店里的客人可谓形形色色。有个女人每天准时出现，故意做出一副很懂书的样子，还说尽风凉话；明明该把书好好放回原处，却“砰”地扔下就走。还有人把书翻了个遍，最后却拍拍手走了。书店这门生意，可以提供很多人性的素材。我偶尔也画一画客人的模样，把他们画出来反倒更有趣。

大约是六十年前的事了。有个看模样还在上小学的男孩子，拿了本动物学的书来说：“我家有困难，请买下我的书吧。”那时候，常有破落的华族[①]子弟来卖书。大人觉得丢脸，就让孩子来。

我以为那个孩子也是这种情况，尽量用高价买了他的书。后来，他又把奥斯本的《生命的起源与进化》《鱼类图鉴》之类的书一本接一本地拿来卖，还说父亲是天王寺动物园的园长。

---

①日本明治维新时期确立的贵族阶层，地位仅次于皇族，享有政治、经济特权。进入二十世纪后，华族逐渐走向衰败。二战后，《日本国宪法》生效，华族也被正式废除。

很久以后我才知道，那些都是未经他父母许可拿出来的书。那个男孩就是后来的科幻作家筒井康隆先生。他在《不良少年的电影史》中写道："小时候，我把家里的书偷偷拿去卖，用卖书的钱去看电影。"文中那个善良大方的"旧书店大哥哥"就是我。

我从杂志上看到了这件事，就给筒井先生打了电话，他居然亲自来了一趟。后来他一直支持着我这家小小的旧书店。真的很感谢他。

因为这件事，我还有缘认识了筒井先生的母亲。她比我大十岁，喜爱绘画和文学，拥有真正的幽默感和健康的心态。她是我可以敞开心扉探讨人生、值得珍惜的女性朋友。

筒井先生的母亲在九十岁那年去世，她生前爱用的椅子送到了我店里。这把椅子就放在我身旁。不知为什么，坐过这把椅子的人后来都很有出息，所以我暗自称它为"腾达椅"。

与田边圣子女士、山本一力先生结为书友

大约十年前，山本一力先生初次来我店里。那天有一大批历史方面的书籍刚到货，碰巧被路过的山本夫人看到，就

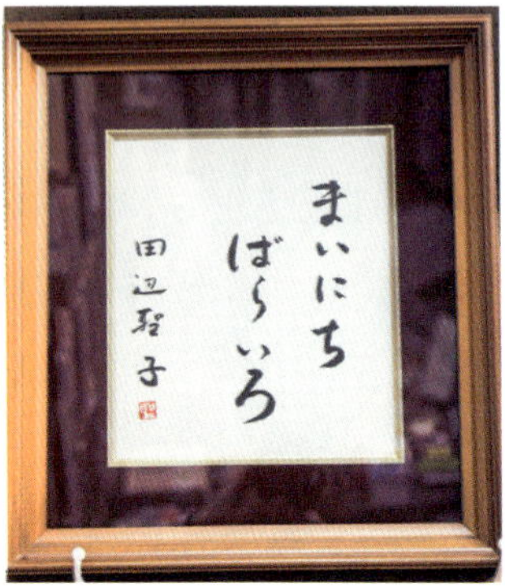

当代作家中，健一最尊敬的是田边圣子女士。相识的契机缘于他给田边女士写信。“她是大阪的庶民派，热爱正义胜过一切。”（图中题字：玫瑰色的每一天　田边圣子）

与筒井康隆先生相遇大约是在六十年前。“再次相遇大约在三十年前，筒井先生的母亲生前爱用的椅子还在店里。真是不可思议的缘分啊。”（图中题字：玄笑　筒井康隆）

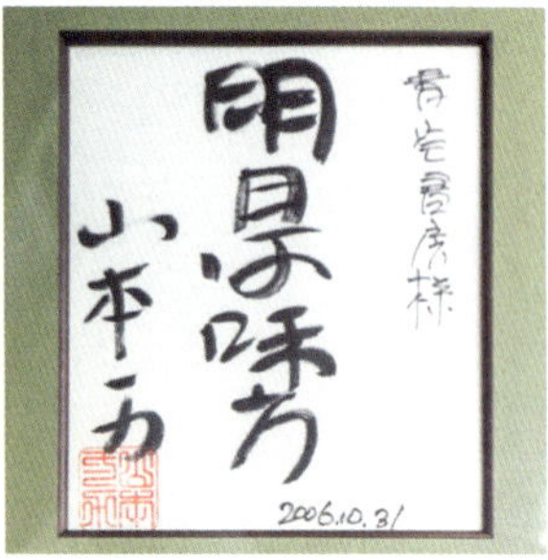

结交山本一力先生，后来成了两个家庭间的交往。和美去世时，他特地改了工作日程，赶来出席守夜的仪式。“我请一力先生题字，他写下‘明日即是后援’。只有曾多次跌倒又爬起来的人，才能领会这样的真理吧。”（图中题字：致青空书房 明日即是后援 山本一力）

把住在天满酒店的丈夫带来了。一力先生是个直率又没架子的人，当天晚上就打来电话说："如果可以的话，今后我们就做朋友吧！"我们两家的友谊就这样开始了。

我只是尽量便宜地提供一些历史资料，做的只是旧书店该做的事，一力先生竟把这件事详尽地写在了随笔里。《茜色天空》在新歌舞伎剧场上演时，他特意邀请我们夫妇在特等席观看演出，实在令人感激。我从来没带和美去过什么地方，所以那天真是快乐而难忘。

与田边女士的交往，起因是我太喜欢她，于是给她写了信，这在前面已经提过。我去拜访过几次后，忽然发现在她家"咬人怪[①]"大叔的牌位旁，居然挂上了我画的石佛。我自然是高兴极了。

接触不同的人，让我获得了生存的力量

像我家这样又小又旧的书店，开的时间久了，也会遇到不同的人。来光顾的都是读书人，从某种意义上来说都是水平很高的人：不是指知识丰富，而是具有某种内省精神的人。

①日本民间传说中的妖怪。这里指田边圣子的丈夫川野纯夫。

和美性格开朗，每次我陷入困境，心情糟糕的时候，她总是特别乐观地开导我说“只要有办法总能行的”。

能够自我反省的人，大多坦诚又谦虚。那种谦虚会使人显得有内涵，散发出魅力。

那些觉得自己很了不起的人是不行的。最要不得的是执迷于权力的人。不能只看地位和头衔来判断人的价值。有些人觉得只要是政治家或商界大腕就一定很厉害，其实这类人一旦上了年纪，失去了头衔这件铠甲，再加上体力衰退，就会突然丧失自信、萎靡不振，甚至为了掩饰而变得盛气凌人，或是变成一个沉默寡言、不与外界交往的老人。这样很不好。

岁数大的人要不招人讨厌，就得谦虚低头，不要反复卖弄“我有过这样的经验”“我知道这个那个”，那都是微不足道的。只有谦虚坦诚，周围的人才会告诉你各种各样的事。我觉得，做人就是要与不同的人接触，并由此获得能量。只有尽量多地获取那些能量，人才能活下去。

身体衰弱了，头脑还可以运转。我已经九十多岁了，浑身上下都是毛病，居然还可以动脑筋，真是不可思议。所以我想到什么，就在海报上画什么。大家看得高兴，我也觉得幸福。

贫穷和挫折是幸福的起点

失败了　偏要说“好极了”

跌倒了　想的是“赚到了”

成功无法重来　失败却可以弥补

海报上对人生的温暖声援令人感动

讲述人生　八十七年

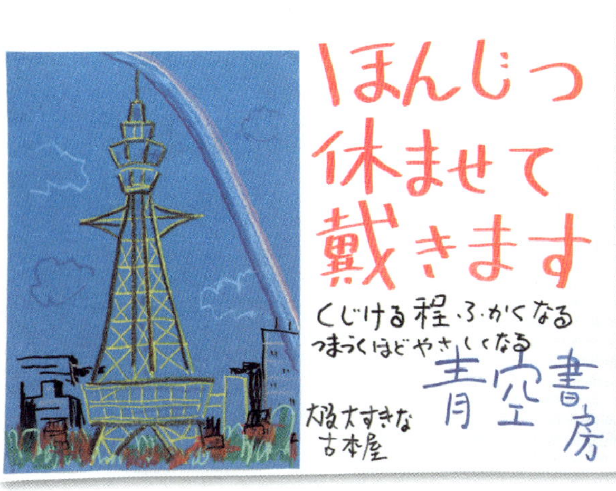

挫折越多越深沉　跌倒越多越和善

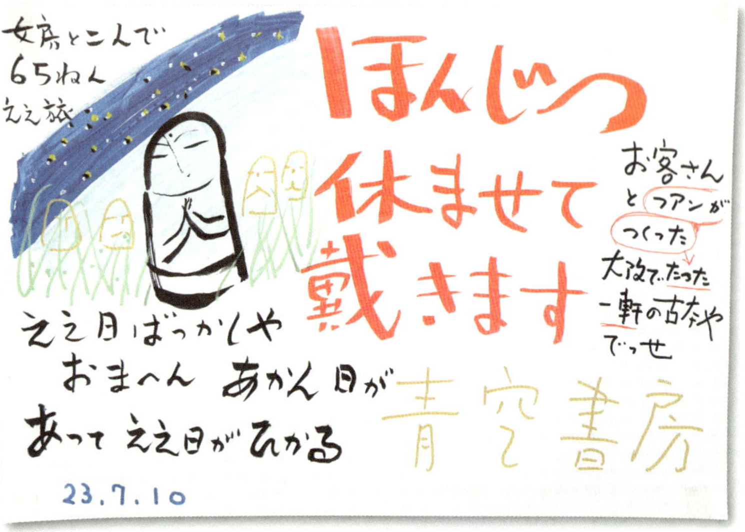

不可能天天都是好日子

有了不顺心的日子

好日子才会闪闪发亮

不起眼也很好啊

老天看着　大地知道

那就是你的勇气啊

生而为人

就算不够坚强　也没有什么

只要是善良的　就最好了

读书是对自己的投资

石川啄木　森鸥外　芥川龙之介　夏目漱石

他们比织田信长丰臣秀吉伟大得多

因为他们相信眼泪

林芙美子认为

头衔和名誉就像纸屑一样微不足道

追求美好事物的旅程

即便漫长　也是快乐的

金钱和名誉　好像很重要

其实根本不值一提

有一位灵魂知己才是最好的

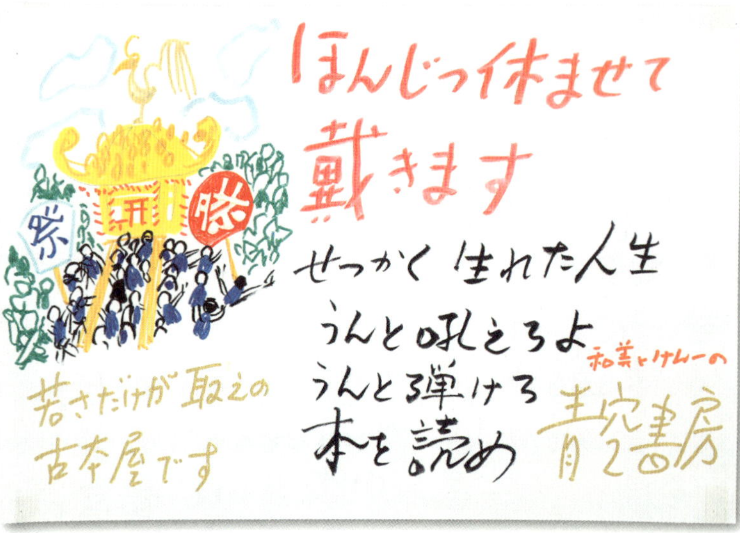

生命来之不易

尽力呐喊吧　努力迸发吧

请一定要读书

笨拙不要紧　耿直是好事

困惑时　就看看天空

那里一定会有答案

男人要有理想　有志向

不气馁　不畏缩　不怯懦

堂堂正正地生活

每跌倒一次　每磕绊一次

人生就深邃一分　所有的挫折　都将成为闪耀的勋章

又不是节分[1]，却画了一只鬼怪，有人说你怎么这么傻……

可我偏偏最喜欢鬼怪君——明明很强悍，

却又惹人哀怜，怎能不让人疼爱呢？

---

①指立春前夜的节分祭，有用黄豆打“鬼”等祈福的习俗。日文中的“鬼”指鬼怪而非鬼魂。

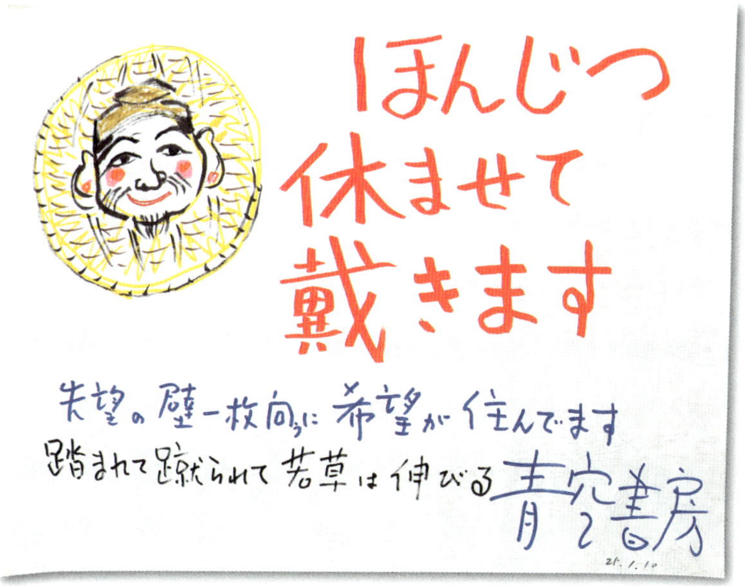

失望的隔壁住着希望

被踩踏过的小草才会长高

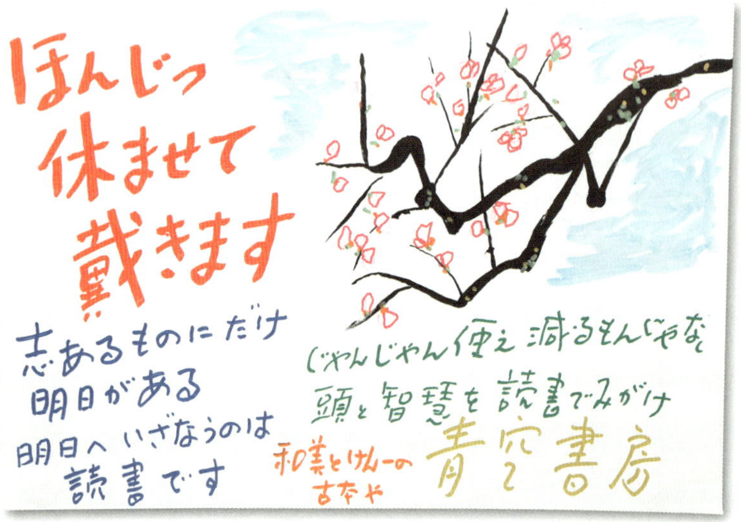

有志者才有明天　读书引领你走向明天

努力读书吧　对你有益无害

头脑因阅读而聪敏　智慧在阅读中闪亮

总是　意气风发　随时　准备跳跃

就算大雨滂沱　也绝不服输

我们是青蛙的孩子

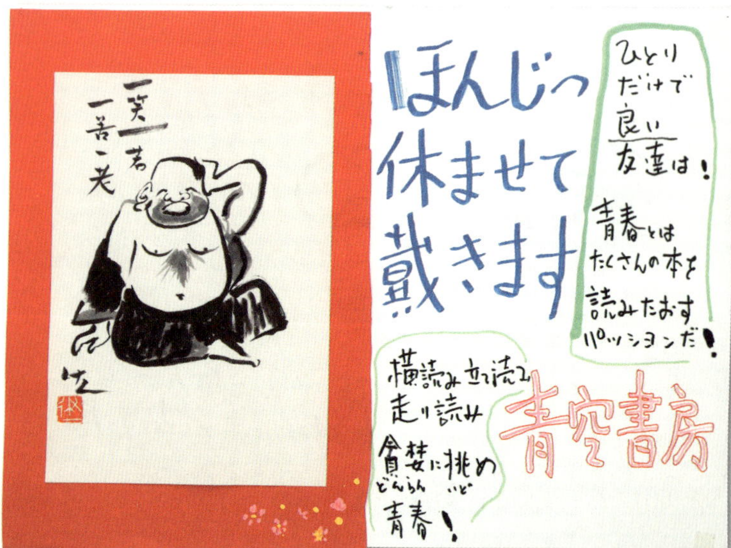

朋友　只一个就好

青春　就是读书破万卷的激情

横读　竖读　速读　尽情挑战青春吧

在姫路城读破万卷书之后　武藏才成为宫本武藏

读了《哥儿》和《奔跑吧，梅勒斯》之后

你会成为善良的人

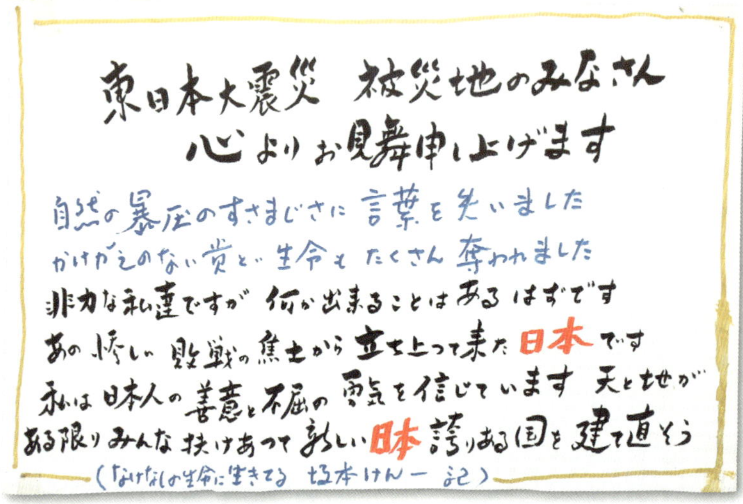

東日本大震災 被災地のみなさん
心よりお見舞申し上げます
自然の暴圧のすさまじさに 言葉を失いました
かけがえのない尊い生命も たくさん奪われました
非力な私達ですが 何か出来ることはあるはずです
あの悔しい敗戦の焦土から立ち上って来た日本です
私は日本人の善意と不屈の勇気を信じています 天と地が
ある限りみんな扶けあって新しい日本誇りある国を建て直そう
（なけなしの生命に生きてる 坂本けん一 記）

衷心慰问

日本东部大地震灾区的各位受难者

大自然威力之猛烈　令我震惊失语

那么多独一无二的宝贵生命被夺走

我们虽然力量薄弱　但一定有可效力之处

这是当年从战败的焦土上站起来的日本

我相信国人的善意和不屈的勇气

只要还有天有地　大家就能互相扶持

重建新的日本　重建有尊严的国度

撒谎是政治家的第一步　但愿并非如此吧

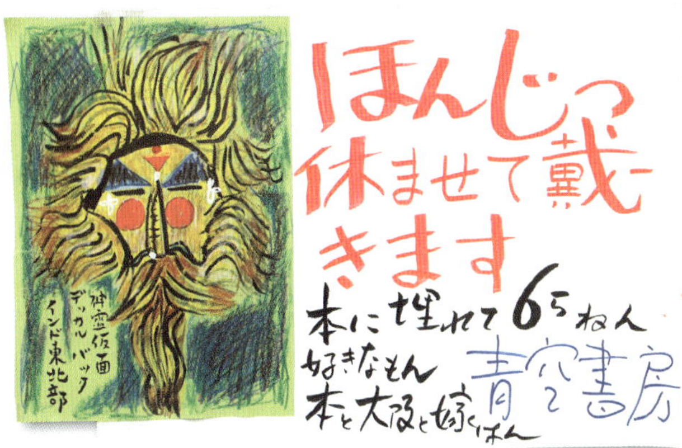

埋首书中六十五年

我就是喜欢　书　大阪　还有老婆

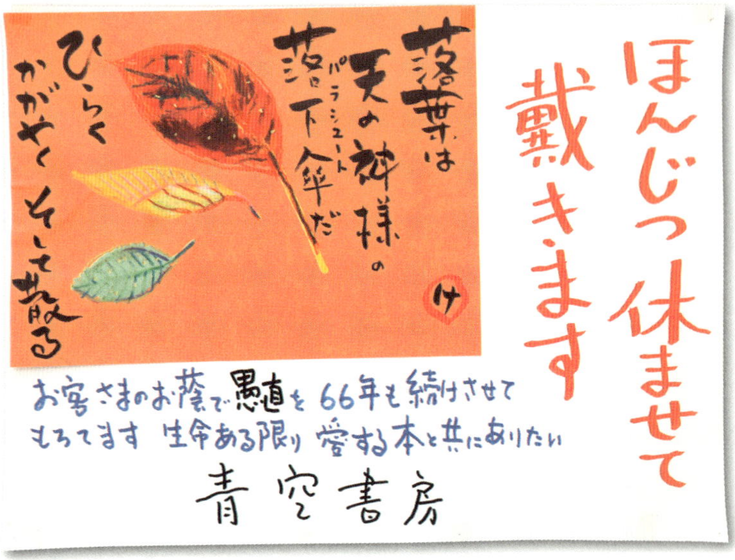

落叶是天上神灵的降落伞

绽放　闪亮　凋落

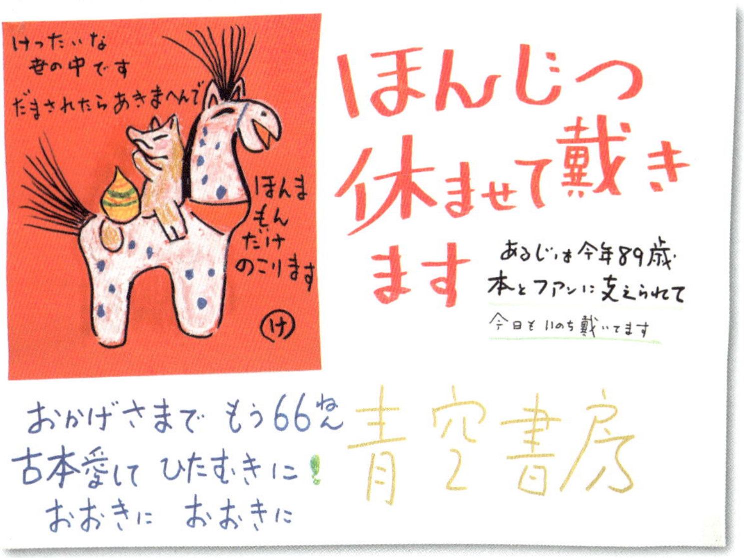

世间纷乱不安　可别上当受骗

只有真东西才能留存

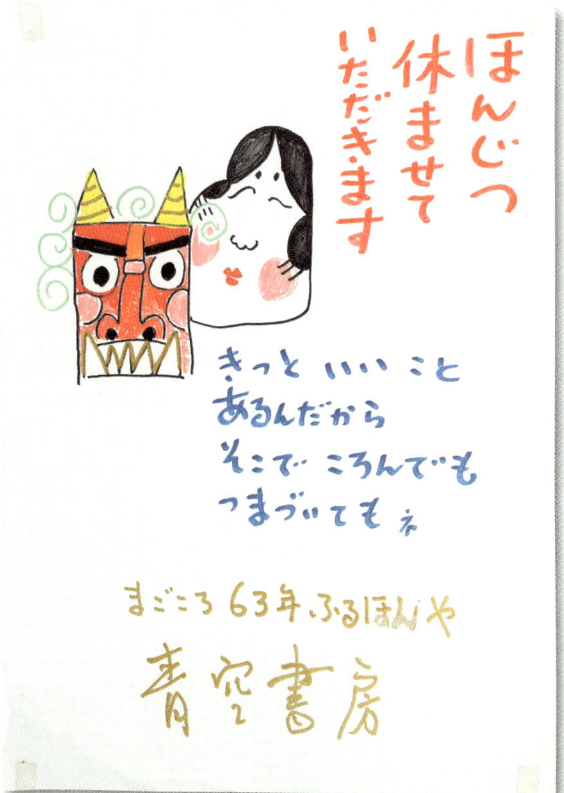

好事一定会发生　不管你在哪里

不管是跌倒了　还是绊着了

第三章 写给妻子的情书从未间断

纯真善良又会持家，和美嫁给我可惜了

我的妻子和美出生在和歌山县海草郡，家里信奉天理教。二战时，她曾作为女子挺身队的队员在九州的矿井工作。战后她回到和歌山，与母亲两人守护教会。后来，出征的哥哥退伍归乡，她不用继承家业，这才打算嫁人。

前面曾写道，她在一个几乎与世隔绝的乡村长大，又是教会的女儿，所以性情十分纯真。

我有过很多女朋友，相过二十七回亲，不免有种“女人嘛，都那样”的成见。但她完全不一样，纯洁得令人惊讶，连指甲缝都很干净，唯一的化妆品是一支暗色系的口红。和美简

直就是纯洁的化身，直到去世都不曾改变。

我父亲瞧不起她，叫她“乡下人”，可和美完全不在乎。最早我为了给父亲治病，不停地买高价药，和美觉得长此以往不行，就开始掌管财务。多亏她，生活才稍稍宽裕了些，还养大了两个孩子。

她是那种哪怕是弯路也要直走的人，开朗、坦率又善良，有股毅然决然的劲儿，只要觉得是对的，她就绝不退缩。

以前有小混混来店里骚扰，我急忙赶去叫警察。等我回来，她已经把几个小混混打趴下了。他们哀号着对警察说：“喂，这不是暴力行为吗？”警察回道：“这不是暴力，是管教。”

她好像不知道“害怕”是什么意思。

家里的事她料理得很好，还买了一套木匠工具，不时地在高处安个架子，修理一下护墙板什么的。我却笨得连钉钉子都不会。她实在是帮了我的大忙。她还去区政府的看护讲座听课，不遗余力地照顾我母亲，直到母亲去世。

和美真是一位无可挑剔的妻子，嫁给我有点可惜了。

写情书是缘于和美吃醋

只有一件事让我不解，和美非常爱吃醋。

我原本是个不折不扣的色鬼，跟和美约会也要带她去道顿堀的剧场看“查泰莱情人”之类的脱衣舞表演。她一定是非常不安，所以成天为了琐事跟我吵架，还总盯着我，说：“人在做，天在看哦。”

刚过五十岁那年，我过去的女友打来一个电话。不是出征前订终身的那个，也不是四国那个难缠的女人。我与她曾在同一家公司工作过。她好像喜欢过我，而我当时另有恋人，对她没什么想法。当然什么也不曾有过，真的只是朋友。

尽管如此，和美还是生气了。

打电话只是无关紧要地闲谈。毕竟各自都结了婚，生活安稳，只说了些“你好吗？这么多年了啊”之类的话。

和美却气得要命，不但不跟我说话，还让女儿为她撑腰，好像我做了什么不检点的事。最后连孩子们也责怪我，真把我给愁坏了。

过了一两个星期，她还是一句话也不跟我说，愁得我不知如何是好。各种不便一言难尽。

我实在没办法了，只好给和美写信。我在报纸里夹的广告页背面写上自己的想法，放在看得见的地方，然后去店里工作。

大概和美也是找不到和好的机会，觉得不好意思吧。她读了“讨好”的信，似乎消气了，还笑话我说：“亏你写得出那么多傻话来。”

写情书成为日课，和美似乎很高兴

因为和美吃醋才写的信，渐渐成了我的日课。

平时，我从早到晚都待在店里，回到家已筋疲力尽，连开口说话的力气都没有。跟和美难得说上几句。但只要写信就能表达心意，这样倒也方便。

说是信，和美却从没回过，所以我又称之为“家内手书”。其实都是些日常杂记，跟日记差不多。

信里寄托了我对和美的情意。平时很难说出口的感激之情，写信就能表达出来，也可以大大方方地写些“喜欢你”“爱你”之类的话。

和美对这些信并没有表达过任何感想，但我感觉她的心情舒畅多了。实际上，这些情书就是安抚猛兽的糖果。

每天我只是随便拿张纸，在背面一挥而就。不知在什么时候，和美把这些信都收纳在一起。我想，她应该是挺高兴的。

说出来好像有点炫耀，和美这么爱吃醋，正说明她很爱我吧。

面对面的时候，温柔的话我俩一句都说不出来，说的尽是些埋怨的话。而我不在的时候，她却常对人说：“他啊，不喝酒，不赌钱，也不玩女人。到哪儿去找这么好的人。”看来，她好像还很为我自豪呢。

真是过奖了。不喝酒是因为体质问题，实在喝不了；不赌钱是因为太好胜，分输赢的事我向来不愿做；不接近化浓妆的女人，是因为一碰化妆品我就会过敏。那都是和美的错觉啊。

我觉得，和美说的“三大优点”，其实全是我的弱点。在某种意义上，这也算是缺陷吧。因为喜欢文学，我想过写小说，但通常写到第三行就写不下去了。因为不懂喝酒、赌博和玩女人，所以什么都写不出啊。我这一辈子，注定只能做读者。

“纽带”这个词是夫妻专用的

夫妻之间，纽带最重要。

夫妻相亲相爱是人生最美好的事。

我是七十岁之后才认识到这一点的。在那之前，我总觉得父子关系与祖孙关系也同样重要。

如今我却觉得父子、祖孙这样的纵向关系跟夫妻那样的横向关系是截然不同的。我觉得“纽带”这个词就是专为夫妻关系而发明的。

纵向的关系自己无法选择，生来就已注定，而且还带着“必须孝顺父母”“必须敬爱爷爷奶奶”等各种附加条件。即使百般不乐意也得陪着长辈，履行孝道。这些都是“附随”的关系。

夫妻的横向关系却是和自己所选择的人在一起；要是不牢牢维系，夫妻之间就会疏离。正因如此，才需要“纽带”，才需要拥抱啊。

说得极端点，人生最重要的事只有拥抱。一切都归结于此。我现在就是这么认为的。

虽然和美已不在人世，但纽带还在。我能感觉到那纽带永远牵绊着我们。

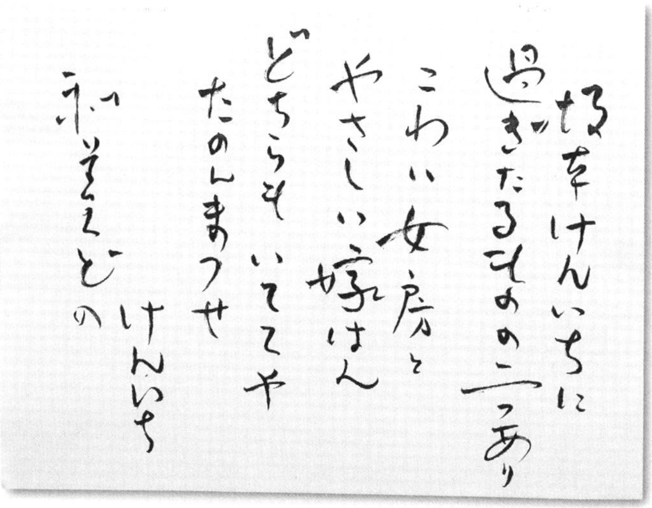

坂本けんいちに
過ぎたるものが二つあり
こわい女房と
やさしい嫁はん
どちらもいててや
たのんまっせ　けんいち
和美どの

对坂本健一而言
重要之事有二
严厉的老婆
温柔的媳妇
不论哪个都要留下啊
拜托了

健一　致　和美大人

有人对美好的事物视而不见
有人对美好的心灵抱有反感
这不过是妒忌的另一面
我为拥有直率的妻子而骄傲
虽然　有时也会因此烦心
但比起拐弯抹角的性格
好太多了

健一　致　和美

曾经饱尝贫穷之苦
但也收获许多幸福
我们相处融洽　待人和善
就算有人故意使坏
也无须害怕
炎热何尝不是太阳的恩惠
至少要满怀感激地度过今天

健一　致　和美

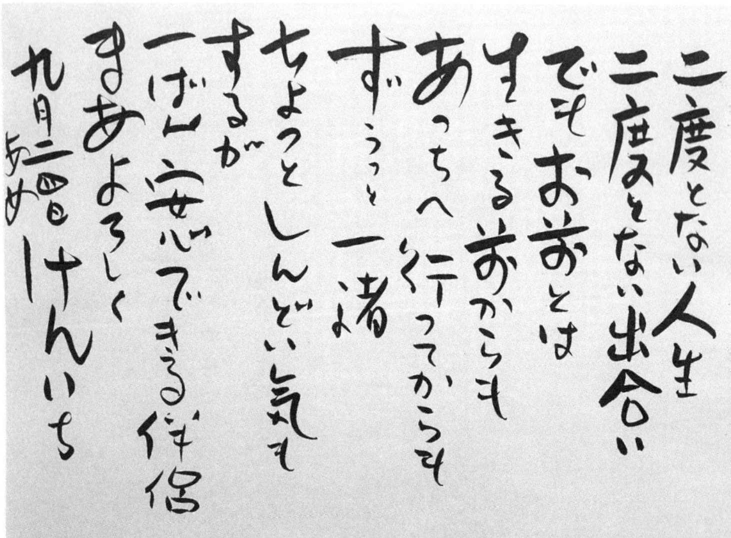
二度とない人生
二度とない出会い
でもお前とは
生きる前からも
あっちへ行ってからも
ずうっと一緒よ
ちょっとしんどい気も
するが
一ばん安心できる伴侶
まあよろしく
九月二十四日 あめ
けんいち

没有第二个人生
没有第二次相遇
无论生前　还是身后
都只想与你共度
也许会有些辛苦
但只有你
才是使我安心的伴侣
请多关照

九月二十四日　雨

健一

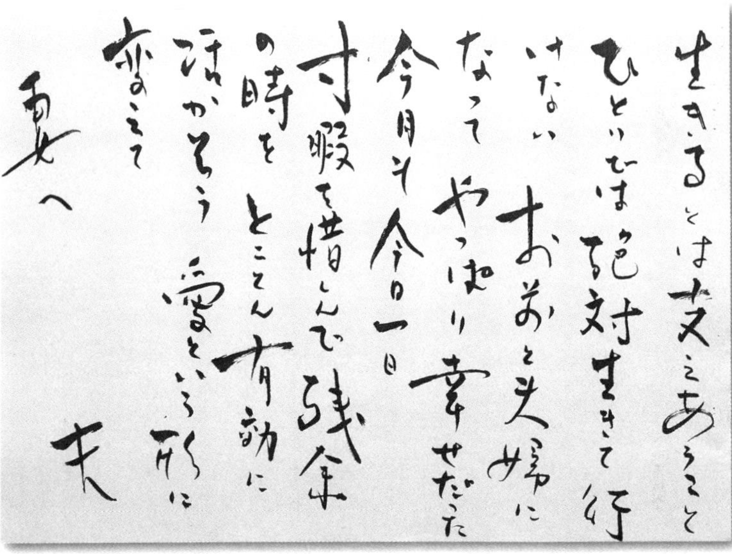
生きるとは支えあうこと
ひとりでは絶対生きて行
けない　おまえと夫婦に
なってやっぱり幸せだった
今日今日一日
寸暇を惜しんで残余
の時をとことん有効に
活かそう　愛という形に
変えて
妻へ
夫

活着就是相濡以沫
想来我一人无法支撑
与你结为夫妻
当是我此生幸事
今天　也要珍惜这寸寸光阴
将余留的时间
化为丝丝爱意

夫致吾妻

这世上有许多不可思议之事
但都在往好的方向发展
所以我们夫妻俩现在很幸福
也许不知何时就有坏事发生
所以要谦虚谨慎　善待别人
我最大的幸福就是遇见了你
还有众多的友人
今天也不能输给酷暑

健一　致　亲爱的

到了这般年纪　不明白的事太多了
曾以为很好的人　其实是个坏人
觉得十分讨厌的家伙　反倒是个好人
总之　在这广阔的世界上
可以信任的只有你一人　我的妻
邂逅决定人生　你就是我的指南针

健一　致　我亲爱的人

也许是因为太忙　最近有些健忘
不禁感叹　我们都上了年纪
所以别太留恋失去的东西
珍惜必须珍惜的东西
和和睦睦地过日子吧
感谢许许多多的福分
快乐风趣地生活吧

健一　致　吾妻

是努力不够　还是智慧不足
最近这些日子营业额不断下降
要想方设法　更加主动
试着创造有故事的一天
生命即是如此
有挣扎　有苦痛　有喘息
妻啊　我们齐心协力　共同奋斗吧

健一　致　和美大人

所谓生活　就得肩负辛劳
得以存活　就要献上感谢
在忽明忽暗之中　我们夫妻一路走来
我们的内心充实富足
但贫穷的生活实在艰辛
没什么出息　愚直的我唯有拼尽全力
虽然令你困惑
仍然希望与你继续走下去
请原谅我的任性

健一　致　老婆大人

冬季来临　天气转冷　这很自然
但愿内心保持温暖
好人很多　但今年剩下的日子并不多了
让我们振奋精神拼命卖书吧
并非想做些什么
而是必须得做些什么

健一　致　和美

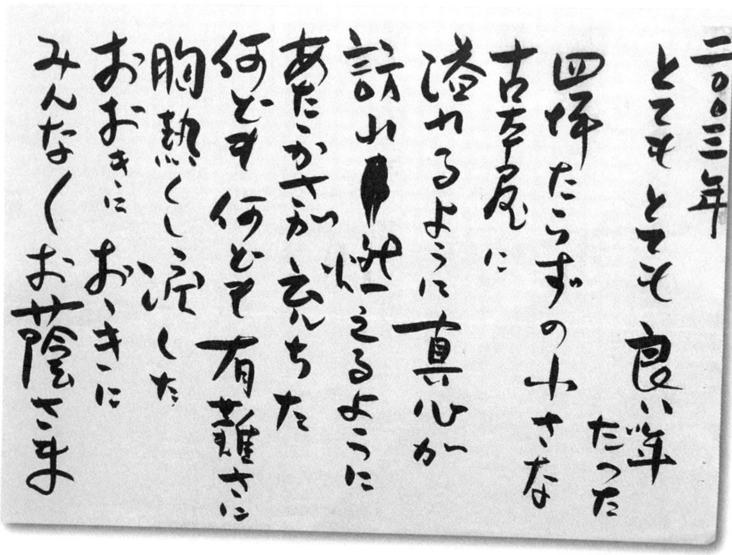
二〇〇三年
とてもとても良い年だった
四坪たらずの小さな
古本屋に
溢れるように真心が
訪れ燃えるように
あたたかさが充ちた
何ども何ども有難さに
胸熱くし涙した
おおきにおおきに
みんなくお蔭さま

二〇〇三年
是非常非常好的一年
不到四坪的小小旧书店
有满满的真心来访
有如火的暖意充盈
因为感激
一次次心生暖意热泪盈眶
多谢每一位
多谢每一位
谢谢你们的眷顾

人生好像很长　其实很短
似乎光阴无限　结果转瞬即逝
虽然天气炎热　也不必沮丧
让我们齐心协力　一同度过
只要和美开开心心　我们的家就有光明
也许还得坚持一段时间
我们还需辛苦劳作
那就互相扶持　互相安慰着前行吧

健一　于天神祭之日

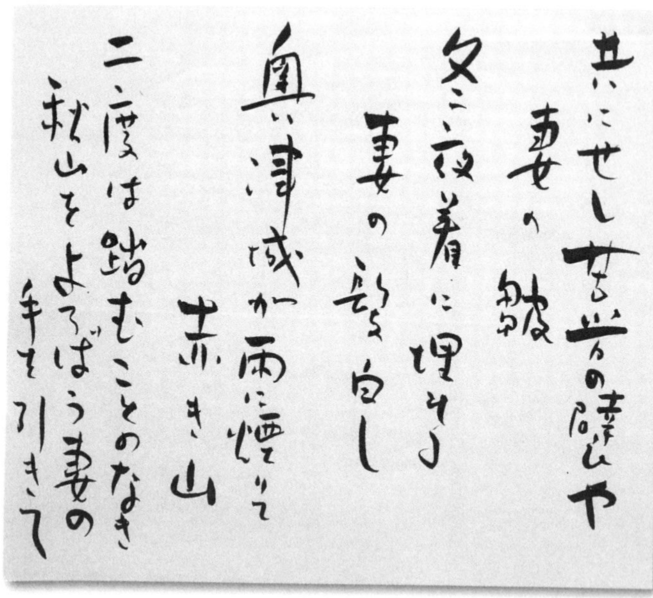

一起经历的艰辛岁月
在妻子脸上留下褶皱
还有细纹
冬夜棉袄
裹着她苍苍的白发
赤城山的奥津城
掩映在烟雨中
牵着妻的手蹒跚而行
踏上将不再涉足的秋山

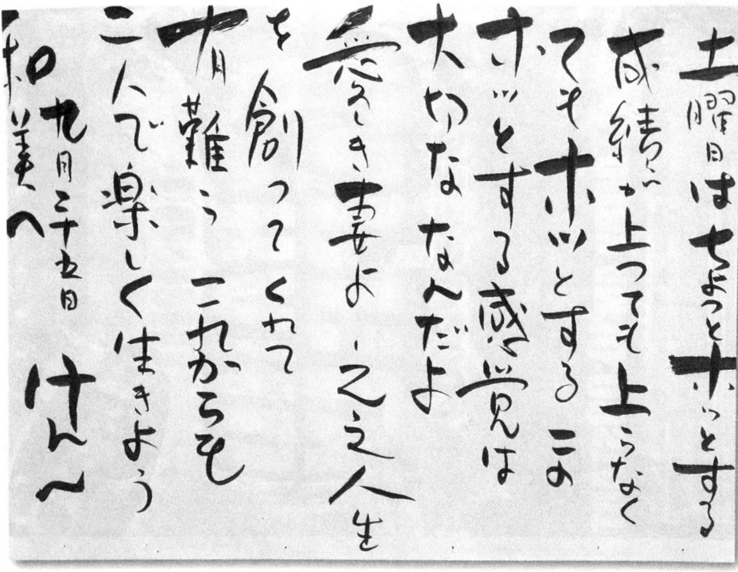
土曜日はちょっとホッとする
成績が上っても上らなく
てもホッとする この
ホッとする感覚は
大切なんだよ
愛しき妻よ ええ人生
を創ってくれて
有難う これからも
二人で楽しく生きよう
九月二十五日 けん～
和美へ

星期六略感轻松
不论营业额上升或下降
都会感到轻松
这轻松感很宝贵哦
亲爱的妻啊
谢谢你
与我共筑美好人生
接下来的日子
让我们继续开心地生活吧

九月二十五日

健一 致 和美

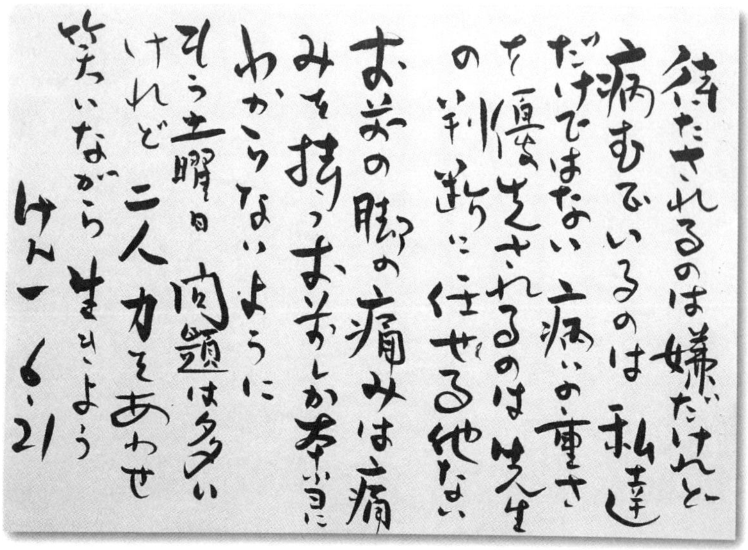
待たされるのは嫌いだけれど
病んでいるのは私達
だけではない 病いの重さ
を優先されるのは先生
の判断に任せる他ない
お前の脚の痛みは痛
みを持つお前しか本当に
わからないように
そう土曜日 問題は多い
けれど 二人力をあわせ
笑いながら生きよう
けんー 6.21

等待虽然烦心
但患病的不只是我们
病重者是否优先
只能让医生去判断
腿脚的疼痛
只有靠自己来承受
又到周六了
虽然问题很多
但我们两人要齐心协力
笑着活下去

健一
六月二十一日

验尿了吗
采血了吗
虽然让你受了许多苦
但今天也像往常一样
让我们继续吵架吧
好像天气会稍稍转暖一些
希望也遇见温暖的心吧

健一 致 和美

第四章 给病中的妻子寄去爱的明信片

伤心难挨的日子里，给妻子寄去手绘明信片

和美性格开朗，经常放声大笑，见到别人有困难总是给予鼓励。而我是个碌碌无为的人，一旦束手无策就立刻灰心丧气。再加上我身体虚弱，长年受哮喘的折磨，脑梗塞至少犯了五次，又因后遗症右眼失明。

和美一直鼓励我，很是担心我的身体。我比她大六岁，她似乎早做好了给我送终的心理准备。

可怎么都没想到，这么坚强的和美却在平成二十一年（二〇〇九年）六月突然发高烧，热度总也不退。去医院一检查，才发现腹膜后面长了肿瘤，医学上叫做“平滑肌肉瘤”，而

且病情相当严重，已经错过了治疗时机。

孩子们想尽办法，才把她送进千里山那边的格雷希亚医院。那是一家临终关怀医院，可以帮助晚期病人更好地度过最后时光。医院布置得明亮而温馨，和美非常满意，她笑着说：“我这是得了什么好报，能住到这么好的地方来？”

她一定是下了决心，只要还有命在，就要开心地活着。她特别坚强，每天参加医院里举办的活动，跟大伙儿一起大声唱童谣。我看着仿佛找回了童心的和美，眼泪止不住地流下来。

从家里到医院大约要一小时的车程。我很想住在那儿陪伴和美，但医院陪床要花钱，生活也得继续。考虑到家计的维持，我还得继续店里的工作。

于是，在不能去探望她的日子我就往医院寄信。也就是说，之前一直写的情书换成了邮寄的明信片。

我每天勤快地寄出明信片。和美正处在最艰难的时期，我却不能陪在她身边，只能把焦灼和歉疚的心情寄托在手绘明信片上。在店里，一有空闲我就快快写好寄出去。等回到家里，工作一天的疲惫，和美不在身边的孤独，使我陷入一种虚脱状态，什么也做不了。那段时间，每天都过得悲苦难挨。

和美的任性让我心生怜惜

虽然我几乎每天都寄明信片，但和从前一样，和美并没有特别表达过什么感想。不过，她好像常常把手绘明信片给护士和前来探望的人看，得意地说："孩子他爸画得好吧？"

住院期间，和美只得到过一次外出许可，回了趟家。返回医院后，和美居然给我寄来一封信。这是我第一次收到她的信，也是绝无仅有的一次。她一定是有什么特别的感想吧。

这一生和美唯一一次写给我的信，虽然没什么值得一提的内容，但对我而言，却是无可替代的珍宝。

随着病情加重，和美的腿渐渐肿得像大象的腿一样，有时吃什么都拉肚子，很是受罪。像她那么坚强的人，心里也有些不安了。一天晚上，她打电话给我，让我"快到医院来"。我飞快地赶去了。

向来开朗又能忍耐的和美，居然孩子气地撒娇为难我，这让我高兴极了。因为撒娇的对象是我，她才能放心地说些任性的话，尽情提要求。我不禁心生怜惜。

"今日休息，抱歉。深爱的人正面临生死的考验。我要去陪她……请原谅我的任性。"写下这些话后，我将海报贴在卷帘门上，赶紧登上阪急电车再换出租车，好不容易赶到了医院。虽然我能做的，只是帮和美揉揉腿而已。

我做的生意不赚钱，和美过生日时，从没给她买过什么。唯一一次大约是她五十岁生日的时候，我偷偷攒钱买了一颗天然珍珠送给她。我买的是那种大颗的珍珠，和美高兴得不得了。那之后的第二年，我想继续送礼物给她，却无法做到。这些事，不知怎么就忽然想起来了。

和美好像依然在我身边

新年过后，和美的病情恶化，一直吃不下饭。平成二十二年（二〇一〇年）二月五日上午七时五十四分，和美永远地睡去了。她的双手被女儿紧紧握着，享年八十岁。

无可替代的妻子去了。我简直不能相信。

而真正意识到“人已经死了”，是在火葬场看见骨灰的时候。那一刻，我亲眼看到有机体变成了无机物。我想，啊，再也回不来了。

可是，随着日子久了，我才明白这不是一个物质性的问题。

和美就在这个家里。我写东西写得肩膀酸痛难耐时，会感到她在温柔地为我按摩。虽然我一直都是无神论者，但的确感受到了和美的存在。

只要我还活着，就觉得和美还在家里。夫妻间的牵绊就是这样。和美一直在我身边，上坟扫墓倒没什么意义。

去世的和美依然不离不弃地守护着我。家里的钥匙找不着或是忘带店里的钥匙时，我就听见和美说："站起来，仔细看看这乱糟糟的桌面，看，我说对了吧！"或者说："孩子他爸，你站起来看看，是不是掉在暖桌被子边上的那个？"虽然觉得麻烦，我还是站了起来，发现东西果然在那里。

每天早上出门时，我都要道一声"我出门了"，回到家也要说一句"我回来了，今天真是累啊"。当然，我也能听见和美说"辛苦了"。

和美如空气一样，始终包容着我

只要读书，你就能遇见截然不同的想法，体会从未感受过的心境，尝试从未想过的信念及活法。正因如此，读书才能丰富你的人生。但是，自从和美去世后，我读书时常常会想:“说不定，她那时就是这样的感受啊。”还会觉得:“唉，当时没能理解她，真是不应该，事到如今才明白。”

一定有人想说:“怎么能这么在乎妻子呢？”有个客人就这么说过。我就奉劝他:“别太自大了。她本来与你非亲非故，却和你结了婚，是这个世界上最挂念你的人。这样宝贵的人生伴侣，你不重视她，不是自大又是什么呢？”

这世上没有比“夫妻”更牢固的纽带。没有哪种关系能像“夫妻”这样，无论灵魂还是肉体，都是如此亲密而复杂。

不是有人说“夫妻是一种空气般的存在”吗？你无法确定有还是没有，只是觉得他（她）在那里是再自然不过的事。很多人都是这么认为的。其实不能这样说，包容整个的你、守护全部的你才是空气。

太阳、水、火也很重要，但是到了夜里太阳就不见了，用不着水和火的时候也不用把它们放在身边；而一天二十四小时，一年三百六十五日，直到你死的那天，空气都一直包容着你。我认为，从这个意义上说，夫妻才是空气般的存在。

这个世上最重要、最难得的东西，是空气，是夫妻。

自从结婚以后，我就一直活在名为“和美”的空气之中。如今，我依然在她的庇护中生活着。

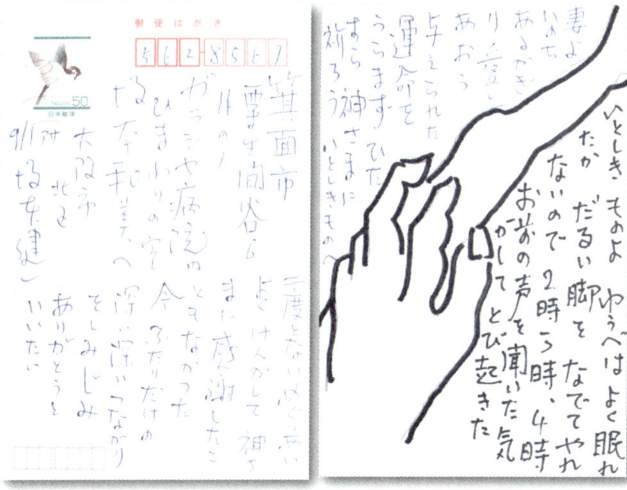

二〇〇九年，给住院的妻子寄去的手绘明信片

我亲爱的人啊
昨天休息得好吗
因为没能为你搓揉沉重的双脚
两点　三点　四点的时候
我好像听见你的声音
惊得跳了起来
妻啊　让我们竭尽生命相爱吧
不要怨恨命运　只管向神祈祷
致　我亲爱的人

不会再有第二次邂逅
虽然我们常常争吵
虽然未曾感谢上天
而今　对于我俩深深的牵绊
我只想发自内心地说声谢谢

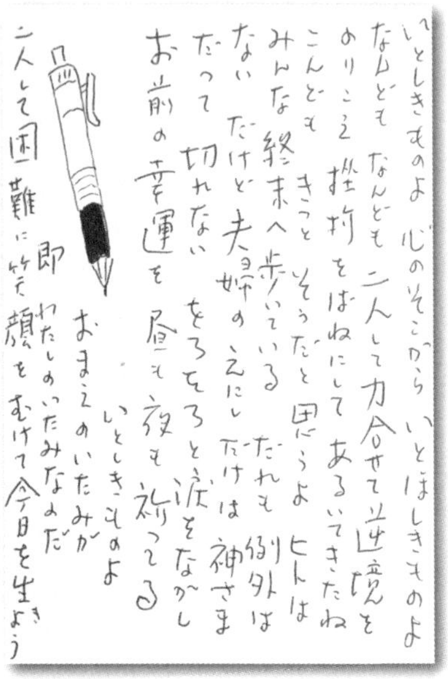

亲爱的人啊
从心底爱恋的人啊
我们一次次齐心协力　克服逆境
以挫折为动力　一路走来
这次也是如此
人都会朝终点走去　无一例外
而夫妻的缘分　是上天也无法切断的
我流着泪　不论白天黑夜
都在为你的幸运祈祷
亲爱的人啊　你的痛苦
就是我的痛苦
两人一起　笑对困难　活过今天吧

妻よ
いとしきものよ　こよなく
いとしきものよ　こよいも
安らけく眠れ　妻よ　ふたつなき
ものよ　やすらけく眠れ　あしたまた
会おう

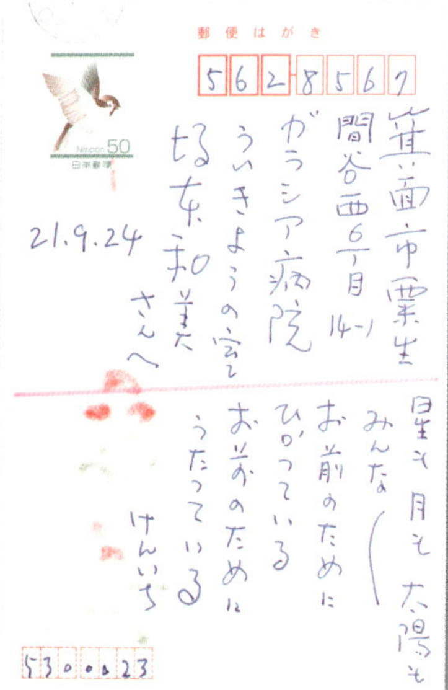

郵便はがき
562-8567
箕面市粟生
間谷西6丁目14-1
ガラシア病院
ういきょうの室
坂東和美さんへ
21.9.24
星も月も太陽も
みんな
お前のために
ひかっている
お前のために
うたっている
けんいち
530-0023

妻啊　我亲爱的人啊
我无比爱恋的人啊
妻啊　我独一无二的人啊
你安适地睡吧　明天再见
不论星星　月亮　还是太阳
全都为你闪亮着
为你歌唱着

你比我预想的还要精神焕发
我松了一口气 同时又想这是理所当然的
和美 像你这样用美好的心去爱别人
去疼惜孩子的人 不应该受苦
你的痛苦和悲哀 我能真切地感受到
妻啊 虽然说了许多遍有你才有我的生命
这滚滚流动的热血就是你啊 和美
我不曾像你那样无私
但你的清净澄明 曾是我的灯塔
至今依然如此

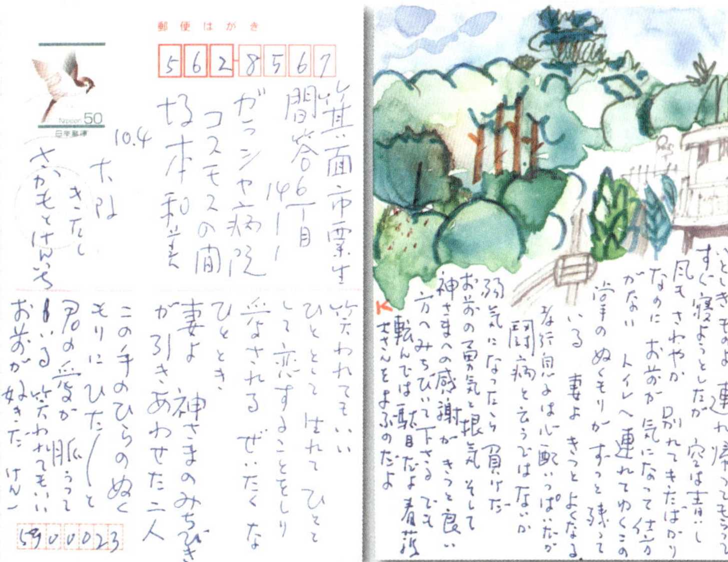

郵便はがき
562-8567
箕面市粟生間谷6丁目14-1
ガラシャ病院
コスモスの間
坂本和美 様
10.4

いとしきものよ 連れ帰ってもらって
すぐ寝ようとしたが 空は青いし
風もさわやか 別れてきたばかり
なのに お前が気になって仕方
がない トイレへ連れてゆくこの
掌のぬくもりが ずっと残って
いる 妻よ きっとよくなる
孝行息子は心配いっぱいだが
闘病と云うではないか
弱気になったら負けだ
お前の勇気と根気 そして
神さまへの感謝が きっと良い
方へみちびいて下さる でも
転んでは駄目だよ 看護
士さんをよぶのだよ

笑われてもいい
ひととして生れて ひととして恋することをしり
愛される ぜいたくな
ひととき
妻よ 神さまのみちびき
が引きあわせた二人
この手のひらのぬく
もりにひたひたと
君の愛が脈うって
いる 笑われてもいい
お前が好きだ けんー

亲爱的人
请人送你回去之后　我本想立刻就寝
天朗风清　虽然刚刚道别　却不禁惦念你
手掌还留着搀扶你去洗手间时留下的余温
妻啊　你一定会好起来
虽然孝顺的儿子忧虑重重
但咱们不是说好要跟疾病斗争吗
一旦示弱就会失败
你的勇气和毅力　你对神的感念
定会指引我们去往好的方向
你可千万别摔着了　要记得叫护士啊

被人笑话也不在意
生而为人　得尝恋爱滋味
享受沐浴在爱情中的奢侈时光
妻啊　是神的指引让我们在一起
这温热的手掌中　你的爱　正切切地跳动着
被人笑话也不在意　我就是喜欢你

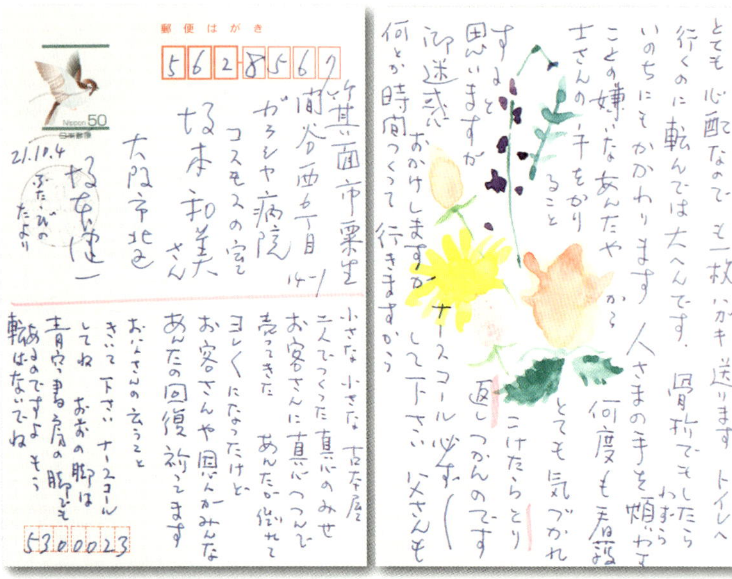

实在担心你　所以再寄一张明信片
上厕所时摔倒了可不得了
若是骨折了　就会危及生命
你就是生怕麻烦别人
我知道　一次又一次地请护士帮忙
会让你心里过意不去
可是一旦摔着　就难以挽回了
虽然会给别人添麻烦　也要记得呼叫护士
我会尽量抽时间去看你的

小小的旧书店
我们两人经营的　诚意满满的书店
总是用书包裹真心
你病倒无力
顾客和恩人们　都祈愿着你的康复
请答应我　要呼叫护士啊
你的腿脚就是青空书房的腿脚啊
你不能再跌倒了

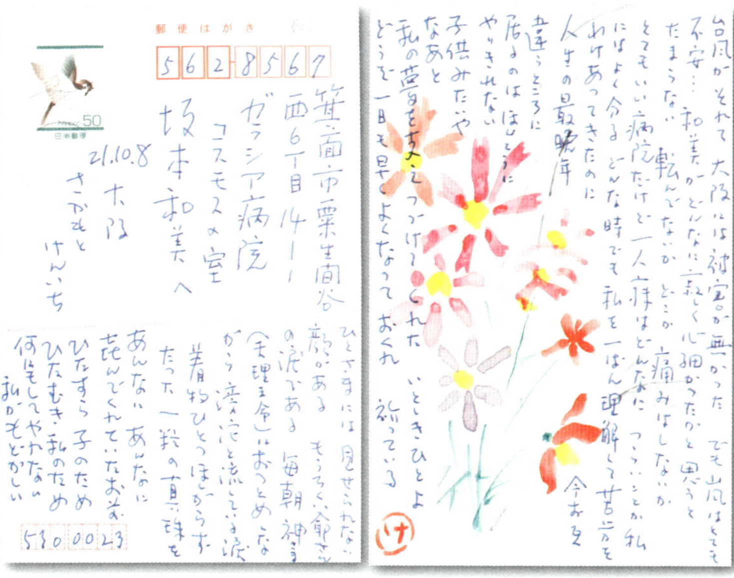

台风走偏　大阪没有受灾
可暴风雨令人不安
一想到和美为此忧心　我就觉得受不了
你有没有摔到　有没有哪里疼痛
医院虽然不错　但我知道
一个人睡有多么难挨
不论何时　都是你最理解我
与我一同分担辛苦
在人生的最晚年　我们却分隔两地
真让人难过啊　你总说我像个孩子
却一直支持我的理想
亲爱的人啊　请早日康复　我祈祷着

有一种模样　不能让外人看见
那就是昏聩老人的眼泪
每天清晨　向神祈祷时
总是难以忍住滂沱的眼泪
你连一件华服也不曾要求过
只是一颗珍珠　你就开心成那样
一切为了孩子　一心为了我
没能为你做些什么　这让我很是心焦

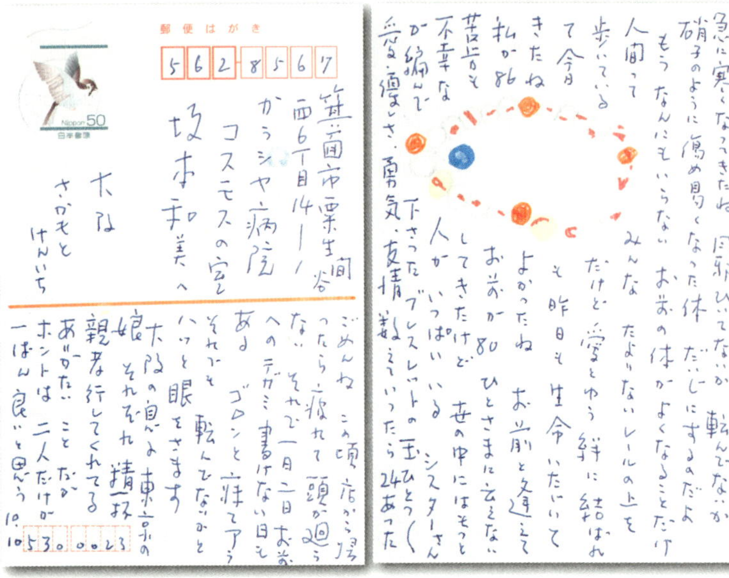

郵便はがき
562-8567
箕面市粟生間谷西6丁目14-1
ガラシア病院
コスモスの室
坂本和美へ
大阪
さかもと けんいち

ごめんね この頃 店から帰ったら疲れて 頭が廻らない それで一日二日お前へのテガミ書けない日もある ゴロンと寝てアッ それでも 転んでないかと ハッと眼をさます
大阪の息子と東京の娘 それぞれ精一杯 親孝行してくれてる ありがたいことだが ホントは二人だけが 一ばん良いと思う
10.10
530-0023

急に寒くなってきたね 風邪ひいてないか 転んでないか
硝子のように傷め易くなった体
もうなんにもいらない お前の体がよくなることだけ
だいじにするのだよ
人間って たよりないレールの上を 歩いている みんな
だけど 愛とゆう絆に結ばれて 今日も昨日も 生命いただいてきたね
よかったね お前と逢えて 私が86 お前が80
苦労も ひとさまに云えない してきたけど
世の中にはそっと 不幸な 人がいっぱいいる
シスターさんが編んで下さったブレスレットの玉 ひとつひとつ(
愛・優しさ・勇気・友情 数えていったら24あった

天突然冷起来了 没感冒吧 没跌倒吧
你像玻璃似的 经不起摔打了 要好好保养身体
我什么都不要 只想你的身体好起来
人生的列车 行驶在没有保障的轨道上
然而 有爱的牵绊 就能保护生命
真好啊 与你相遇 我八十六 你八十
虽然经历了难以言说的艰辛
但世上还有许多比我们更不幸的人
修女嬷嬷编的手串珠子里
有爱 有温柔 有勇气 有友情
数了一遍 一共二十四颗

对不起啊 最近几天 从店里回来时
累得脖子都僵硬了
所以有一两天 没能给你写信
倒头睡去 却还是会突然醒来
担心你会不会跌倒
儿子在大阪 女儿在东京
都各自尽了最大的孝心
虽然难能可贵 但我还是觉得
只有我们两人在一起 才是最好的

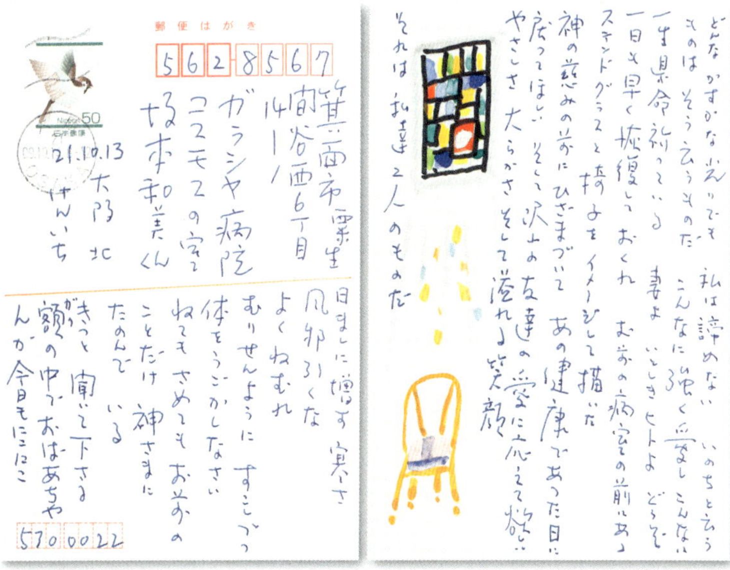

郵便はがき
562-8567
箕面市粟生間谷西6丁目14-1
ガラシヤ病院
コスモスの家
坂本和美くん
21.10.13
大阪北
けんいち
日まし増す寒さ
風邪ひくな
よくねむれ
むりせんように すこしづつ
体をうごかしなさい
ねてもさめても お前の
ことだけ 神さまに
たのんでいる
きっと聞いて下さる
額の中でおばあちゃんが
今日もにこにこ
570 0022

どんな かすかな光りでも 私は諦めない いのちと云う
ものは そう云うものだ こんなに強く愛し こんなに
一生懸命祈っている 妻よ いとしきヒトよ どうぞ
一日も早く恢復しておくれ お前の病室の前にある
ステンドグラスと椅子をイメージして描いた
神の慈しみの前にひざまづいて あの健康であった日に
戻ってほしい そして沢山の友達の愛に応えて欲しい
やさしさ 大らかさ そして溢れる笑顔
それは私達2人のものだ

不论是多么微弱的光　我都不会放弃追寻
生命就是这样
如此强烈地爱　如此拼命地祈祷
妻啊　我亲爱的人啊　请早日恢复健康
我画下你病房前的彩绘玻璃窗和椅子
在慈爱的神前跪祷
求他让我们回到　那健康的时光
也希望能回应众多友人的爱
和善　豁达　洋溢的笑容
这些都是我们两人的

一天比一天冷了
千万别感冒了　要好好睡觉
别累着自己　活动身体要一点点地来
不论睡着还是醒着　我都在向神祈求着
他一定会听见的
相框里的老太太　今天也笑意盈盈

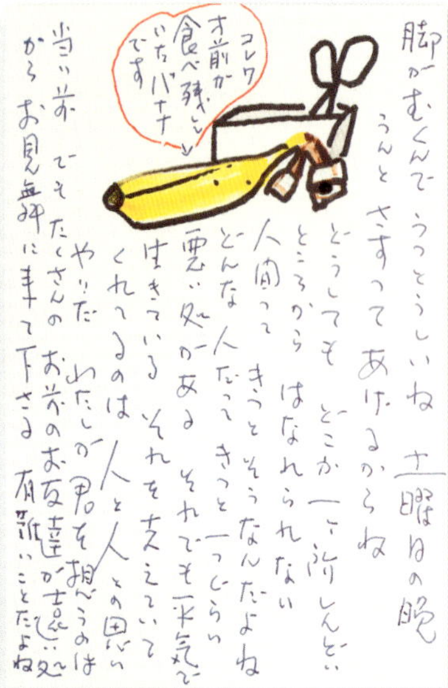

脚がむくんで うっとうしいね 土曜日の晩
うんと さすってあげるからね
どうしても どこか一ヶ所しんどい
ところから はなれられない
人間って きっとそうなんだよね
どんな人だって きっと一つくらい
悪い処がある それでも平気で
生きている それを支えていて
くれてるのは 人と人との思い
やりだ わたしが君を想うのは
当り前 でもたくさんのお前のお友達が遠い処
から お見舞に来て下さる 有難いことだよね

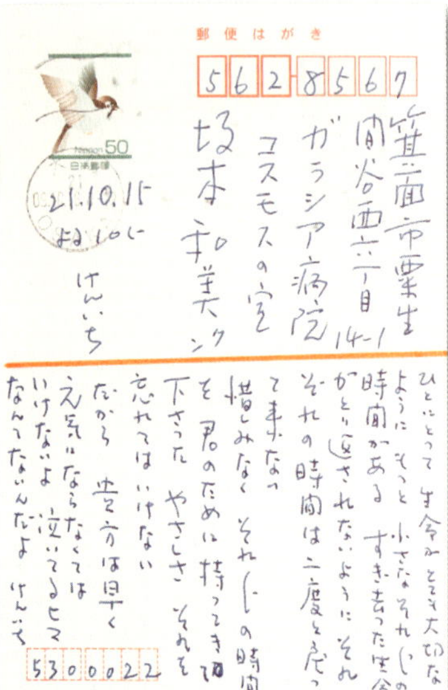

郵便はがき
562-8567
箕面市粟生間谷西六丁目14-1
ガラシア病院
コスモスの室
坂本和美クン
けんいち

ひとにとって生命はとても大切な
ように そっと小さなそれらの
時間がある すぎ去った生命
が取り返されないように それ
それの時間は二度と戻っ
て来ない
惜しみなく それらの時間
を君のために持って来て頂
下さった やさしさ それを
忘れてはいけない
だから 貴方は早く
元気にならなくては
いけないよ 泣いてるヒマ
なんてないんだよ けんいち
530-0022

腿肿让你很烦闷吧
周六晚上 我帮你好好揉一揉
总会有哪个地方不舒服
所以我不能走开
人就是这样 有了别人的关怀
就能泰然地活着
我想着你是很自然的
而你的许多朋友从远方赶来看望你
实在难得啊

对别人而言 生命非常重要
同样重要的 还有他们那些短暂的时间
逝去的生命 再也无法挽回
同样无法挽回的 是他们的时间
他们毫不吝惜地 将自己的时间用来陪伴你
这其中的善意 可千万别忘记
所以 你必须赶快好起来啊
你可没有时间哭哦

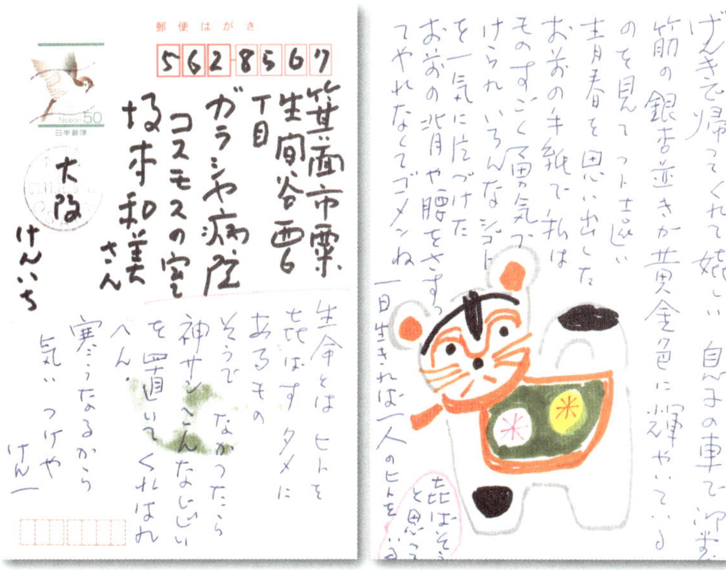

你好好地回来了　我很欣慰
坐着儿子的车　我看见
御堂筋大道上
成行的银杏树闪耀着金黄
忽然回想起遥远的青春时代
你的信　给了我无比的勇气
一口气把繁杂的工作做完了
你的背和腰　也没能帮你揉一揉
真的很抱歉　只要还能活一天
我就要多让一个人开心

所谓生命　就是为了让人开心而存在的
若非如此　上帝就不会
让我这样的老头子留在世上
天寒了　多保重啊

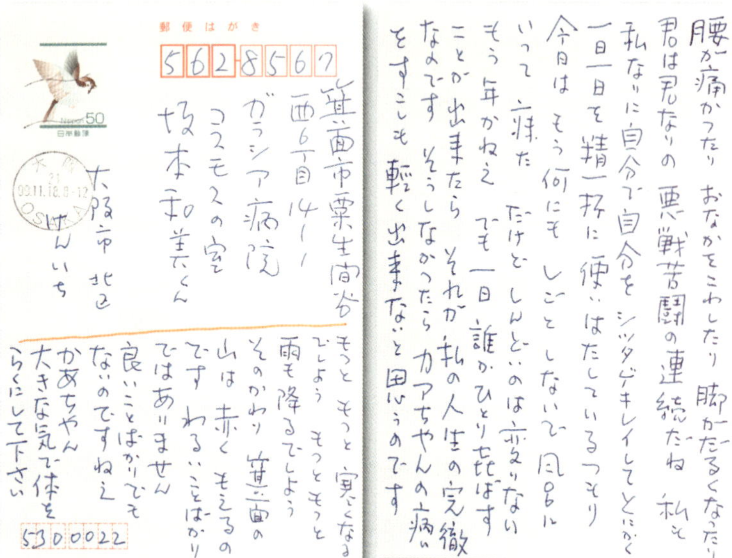

有时腰疼 有时吃坏肚子 有时腿脚无力
每天 你都在以自己的方式苦苦挣扎
我也以自己的方式激励自我
总之 要把每一天 都尽力用光
今天我不打算再做别的事情
泡完澡就去睡觉
而生活的艰辛并未改变
毕竟已经上了年纪
不过 一天中如果能让某个人开心
那就是我人生的目标
如果不这么做 我想孩子妈的病
就一点都不会好转

天气会越来越冷吧
雨水会越来越多吧
好在 箕面山开始变红了
并非全是坏事 也并非都是好事
孩子妈 千万要保重身体

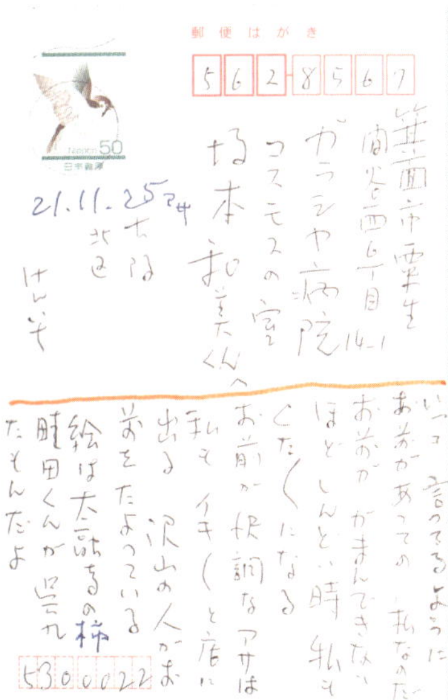

接到你的电话　说肩膀酸痛得睡不着
饭后吃了药　仍然心神不定
儿子也很辛苦
打定主意去你那儿　刚围上围巾
你又来电话说不用去了
真的不要紧吗
大伙儿都拼命地努力着
也许我算是被呵护的那个
我决定了　在你难受的时候
只要地铁还在行驶　我就要去看你
没什么比你更重要

就像我常说的那样
没有你就没有我
你疼得受不了的时候
我也觉得浑身无力
你神采焕发的早晨
我也能精神抖擞地去店里工作
很多人都依赖着你
画是太融寺的柿子
是畦田君送给我的

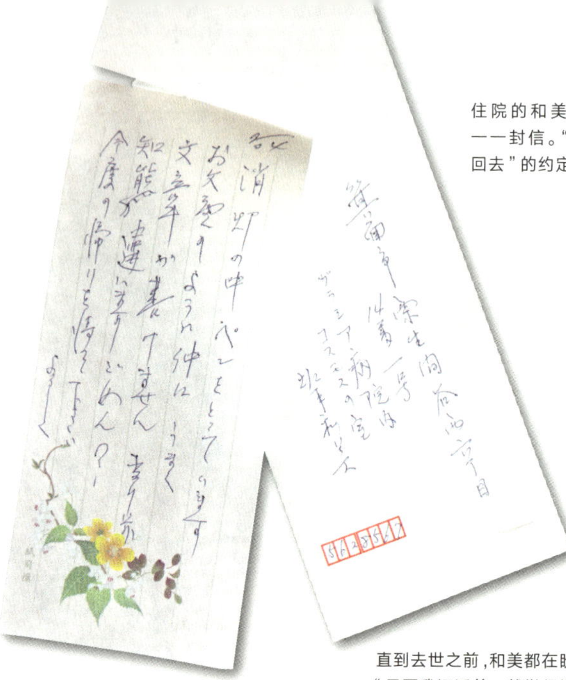

住院的和美给健一写的唯一一封信。“请等着我下次回去”的约定最终未能实现。

直到去世之前，和美都在盼着回家。所以，“只要我还活着，就觉得她还在家里。”

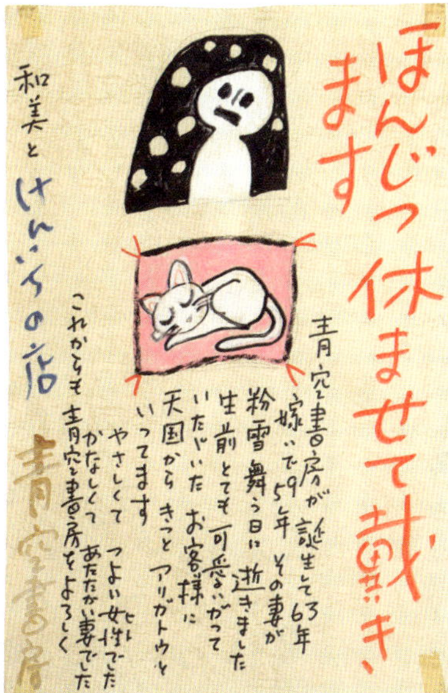

海报上也寄托了对亡妻的哀悼之情

青空书房已开了六十三年

嫁给我五十九年的妻子

在一个细雪飘飞的日子走了

对那些曾对她爱护有加的客人们

她定在天国对各位表达着感谢

她是善良而坚强的女人

也是慈悲又温厚的妻子

对青空书房　今后还请多多关照

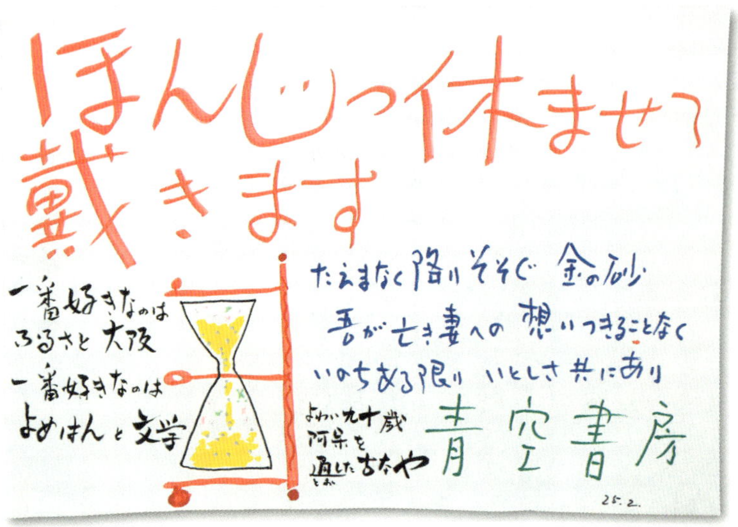

时时刻刻　金沙倾泻

吾念亡妻　亦无止休

有生之年　恩爱与共

自从妻子去世　已迎来第三个冬天

今年的寒冷　是孤独寂寥的暴风雪

和美不辨方向

现在大概还在谷町线的东梅田车站附近游荡

那就再等等吧　等我把工作忙完

马上就去给你带路

第五章
在亡妻的护佑下生活

一个人生活非常轻松

自和美去世，三年过去了。如今我已年过九十，独自生活在大阪，仍然住在我出生、长大的这所房子里。

女儿在东京，儿子在大阪的高槻，我并不想跟他们住在一起。有三个孙子，其中一个说要来店里帮忙。我说“开什么玩笑”，直接拒绝了他。我本来就打算在我这一代结束书店的生意。让我跟孙子住在一起，被他监督，我可不干。我只要和美监督就够了。

一个人过好着呢。像我这样自由散漫的人，这可是意外之喜。

不过，不知怎地，有时我也会陷入孤独，就像掉进无间地狱。除此之外，我是觉得一个人轻轻松松挺好。

毕竟像我这样跟不同女人有许多来往的人，要是和孙子一起住的话，会很不方便。自从上了年纪，不再是“危险人物”以后，我很受异性青睐呢。年轻时我是个文学青年，约会时总爱谈些“人生究竟是什么”“你对尼采看法如何”之类的话题，很遭女孩子嫌弃。

来家里的，除了女朋友和卖旧书的人之外，还有看护员。她每周来两次，帮我打扫和做饭。我有时觉得，其实她不帮我做饭也行。看护做饭会考虑控制卡路里，或是特意做得清淡些，不是特别好吃。当然，年纪大了，不注意饮食也不行啊。

可我还是更愿意吃自己想吃的东西，虽然我只会做意面、素面，还有烤肉什么的。而且，附近好吃的餐馆要多少有多少，只是光吃外食容易造成蔬菜摄取不足，所以最近我也在喝青汁。

有人担心我，说老年人独自生活不安全，容易被骗子利用云云。的确有各种各样的电话打进来，比如显然很玄乎的保险推销之类。遇见这种事，我就想：“真是太有趣了！”于是故意装作很感兴趣的样子聊起来，还告诉他说：“嘿嘿，您打来电话我太高兴了！我正想着要买保险呢。”对方以为钓到了大鱼，我才说：“我也可以吗？我今年九十了。”这么一说，他们大都敷衍两句，就挂掉了电话。

看店仍是乐事一件

青空书房每逢周四和周日休息。休息日其实很难熬，还是在店里待着最高兴。对我来说，去店里是一种安慰，好像我不是在工作，而是在消遣。

每天都有各种各样的人来店里，非常有意思。有的年轻人染着金发，很粗俗的样子，可聊上几句之后，就会发现他是个头脑聪明的好孩子。真是人不可貌相啊！到了这把年纪，我再次认识到这一点。

营业的日子里，我早上六点左右起床，慢慢洗漱，差不多七点到附近的咖啡馆去吃早餐——早饭是必吃的嘛。然后去医院，每天八点半到九点半，花一个小时输液。

输液之后有点累，就回家稍作休息，然后骑自行车去上班。到店里只需五分钟。书店开门一般是在十点半左右。有时十点，有时十一点。开门时间并不固定，因为我不想迎合别人的时间，只想按着自己的节奏做开门前的准备。傍晚关门时我得找人帮忙，但早晨开门都是我一个人来做，否则就无法从容应对一整天的工作。毕竟开店门和演员站上舞台是一样的啊，自己不做好心理准备，就开不了门。

我都是在书店对门的信州荞麦面馆吃午饭。他家的荞麦面是手擀的，非常美味。吃饭时间虽然没人看店，但饭馆就在对面嘛，一有客人来就能看见，所以不必担心。

每天傍晚六点关门，时间是固定的。附近一位姓宫武的女士到时间就会来帮我。她白天上班，六点下班之后就来我店里，五分钟就能收拾好，然后她再回家做饭。我只需要确认没忘记什么就可以了。忙碌之中她还每天都来帮我，真是令人感激。

关好店门之后，我就直接去澡堂。即使是累得站不住的时候，我也会拄着拐杖去。那是一家很大的公共澡堂，十多年来我一直都去那里。悠闲地泡个澡，感觉身心一点点舒展开了。从紧张到放松，从急躁到舒缓，那种满足感真让人无法抗拒。

然后是晚饭。看护员帮我做好饭的时候，我就老老实实回家吃饭。没人做的时候，我就在外面吃了再回家，通常是拉面、饺子或者炒饭。我不会喝酒，不用来两盅。回到家就看看电视，每晚尽量十点睡下。

从家到书店的交通工具是自行车。“大家都觉得很不可思议。这有什么呢？骑着自行车，我会想起儿时家里穷得连自行车都买不起。”

午饭就在书店对面的荞麦面馆吃。“他家的荞麦面是手擀的，非常美味。老板娘就像关照亲人一样关照我，有时甚至把晚饭端到家里来。”

“我已年过九十，每天带着感恩的心情生活着。我必须要珍惜每时每刻。”

这是坂本先生独居的寓所。房间里有很多先生与妻子的照片，充满了回忆。墙上的报纸是当时筒井康隆先生谈到青空书房的相关报道。

承蒙大家的支持和帮助，才能每天开店营业

我今年九十岁了，浑身上下都是毛病，越来越不能活动自如。不过，自从上了年纪，有不少人到店里来，帮忙做些我做不了的事。我就这样自然而然地接受着他们的帮助。

这些朋友也可以说是“青空书房的支持者”。每天帮我关店门的宫武女士就是其中一位。

还有村上先生，他是天六美惠咖啡馆的老板，是个爽快又热心的高个子男人。店内的书架高达三米，我这样的小个子不爬梯子就够不着最上面的架子。但我这把年纪爬梯子实在太危险，要用到上层书架的时候，我就往美惠咖啡馆打个电话，把村上君叫来。他总是立刻赶来，轻松帮我整理好高层的架子，放好东西。真的非常感谢。

大约四年前，做出版工作的仓本女士把“今日店休”的海报拍成照片，发到了博客上。她是我非常重要的支持者。我把她当作“青空书房”的制作人一样信赖她。现在如果突然有电视台采访或海报展的邀约，都是她做经纪人，帮我迅速判断和处理各项事务。她是我的知心好友，是旱季甘霖一

样的存在，我很感谢她。

参加海报展时一直协助我的是新锐画家桧山千里女士。

还有人每天一到午后，就送来瓶装的茶水，并问我："有什么事需要帮忙吗？"还有美女 K 小姐，每两周一次到店里帮我收拾垃圾。这些支持者到底有多少呢？我问仓本小姐，她说："有些人我也不认识啊。"

正是因为有这么多值得信赖的支持者，我才能坚持每天开店营业，即使一个人也不感到寂寞。

我想读书、学习、受教，直到生命终结

开旧书店可不是赚钱的买卖。因为卖不好，一直以来非常辛苦。但最近客人却多了起来。早上打开卷帘门之前，就已经有人等在那里，还有人特地从外地赶来。要是和美看见这番景象，一定会大吃一惊吧。

因为是一位老年人在开旧书店，所以我才会走红吧。也有可能是海报上了电视的缘故。

我坚定地认为，不能因此得意忘形。我一向最讨厌权威、权力，也讨厌傲慢的人。我一直是这么过来的。即使是想错了，

也必须提醒自己别走错路，别成为自己讨厌的那种人。我反复这样告诫自己。

在我这样的年纪，不论何时死去别人都不会奇怪，但我并不想倚老卖老，说些自以为是的话。在生命终结之前，我还想读书、想学习、想受教于人。

我生来贫困，为了想做的事总是忍了又忍，就这样一路咬牙坚持下来，最后居然把这些事都做成了。如今的生活就好像人生的留白，并非空空荡荡，而是一个充满空气的空间。我置身其中，想尽情玩耍直到死去。这段留白若能用关怀和善意填满的话，那就最好了。

假若夫人先离世，有些人就说："我想早日去妻子身边。"我可不这么想，我觉得和美一直在身边，并不需要她来召唤我。

和美不认路。就算去梅田，她也会往家里打电话："我不知道我现在在哪儿。""你说一下附近有什么商店的招牌吧。"我总会这样问她，根据她的回答再教她怎么走。这回她去的可是我还没去过的西方净土啊，她怎么可能一个人去呢，一定是迷了路，还在这附近徘徊着呢。

其实我想说，嗨，不要慌慌张张往前走，再等等我吧，过不了多久，我就去追你了。

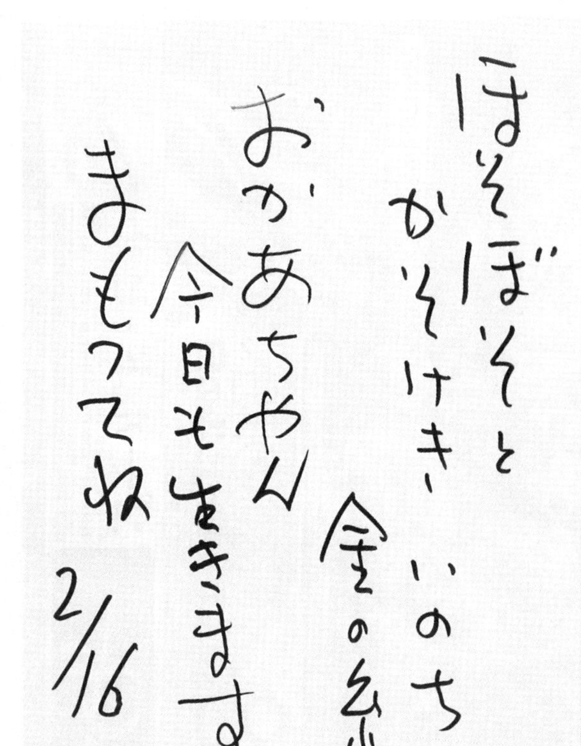

勉强维持的生命颤颤巍巍　就像一条金色丝线

你今天也要护佑我　让我再多活一天啊

九十岁　已是人生最晚年

即便如此

十八岁时的疑问“人生应如何度过？”

还没得到解答

所以　如今依然努力地活着

只顾读书　一心求道

或许是蝼蚁之辈的最后挣扎

我的妻　在这世上

你曾是我唯一的支持者

不论好事坏事　你都全力为我分担

我的妻　我的心灵之友

男人哭泣时　本应放声痛哭

然而深夜面对你的照片　我却呜咽饮泣

我不是独自一人　你总在我身边

夜里　我大声地呼唤照片中的你

生命是什么　就是此时此刻啊

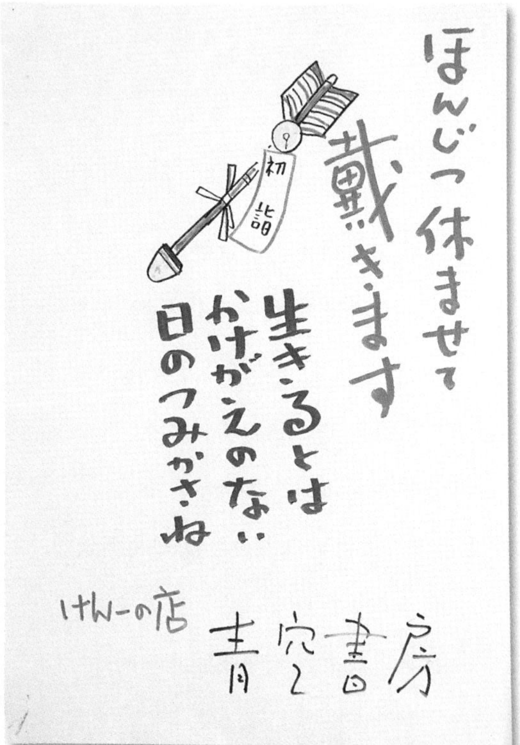

活着就是

一个个无可替代的　日子的累积

过去的日子不复返

所以也要走过今天

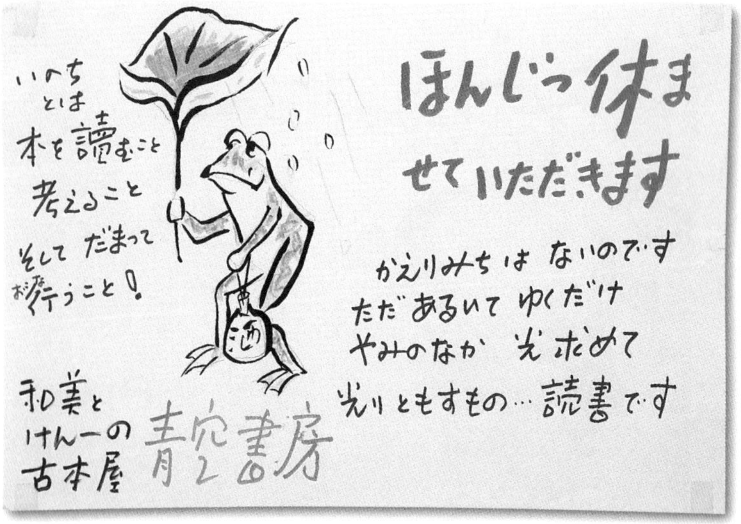

生命就是 读书 思考 默默前行

没有回头路 只有不断前行

在黑暗中寻求光明 点亮光明的……是读书

一路蹒跚　一路踉跄　只为寻访旧书

一心向学　直到生命消散

结语

十几岁时，我一边工作一边上夜校，放学后经常去看电影,即使晚上有考试也不例外。我总是比谁都先交卷，市营电车不等人，我都是跑着去赶车的。

在千日前歌舞伎剧场旁边，有一家小小的电影院。每天上映不同的美国片或法国片，比如《百万英镑》《在巴黎的天空下》《红发》《白色处女地》等。这些珍贵的电影让我沉醉其中。那是一段奢华的青春，我不曾感到贫困。

那时公司里有一个好心的前辈，为我在心斋桥的骏骏堂书店买了查尔斯·路易斯·菲利普的《在小城里》和都德的《磨坊书简》。这些书成为我法国文学的启蒙。而后，莫泊桑的《一生》、罗曼·罗兰的《约翰·克利斯朵夫》让我领会到人生的真谛。

读书是支撑我人生的命脉。

读书这件事难能可贵。

不读书的人生，就像没有键盘的钢琴。

最近这些日子，我每天都在思考死亡。

死的前方有什么呢？“什么也没有。”我却真切地感受到先我而去的和美还在。她常常不时地为我揉揉后背，似乎一直陪伴着我。

年轻时，我深信自己不会死去。而今，我知道这是无法避免的现实，沉重而清晰。

然而，必须要好好想想的是活着这件事。自己从前做了什么，现在正在做什么，今后想要做什么。

如果人生只是一期一会，我愿把全部真情倾注其中。

每天我都会遗失或忘记些什么，但至少这个黄昏我仍在蹒跚而行。

坂本健一

二〇一三年六月

著作版权合同登记号：01-2017-2541

图书在版编目（CIP）数据

今日店休 /（日）坂本健一著；吴菲译 .- 北京：
新星出版社，2017.6（2025.6 重印）
ISBN 978-7-5133-2336-9

Ⅰ．①今… Ⅱ．①坂…②吴… Ⅲ．①散文集－日本
－现代 Ⅳ．① I313.65

中国版本图书馆 CIP 数据核字（2016）第 249185 号

今日店休
［日］坂本健一 著
吴菲 译

策划统筹 林妮娜
责任编辑 汪 欣
特约编辑 武 霖 赵丽苗 刘 政
装帧设计 赵金娇
内文制作 王春雪
责任印制 廖 龙

出 版 新星出版社 www.newstarpress.com
出 版 人 马汝军
社 址 北京市西城区车公庄大街丙 3 号楼 邮编 100044
电话（010）88310888 传真（010）65270449
发 行 新经典发行有限公司
电话（010）68423599 邮箱 editor@readinglife.com
印 刷 北京盛通印刷股份有限公司
开 本 787mm×1092mm 1/32
印 张 5.5
字 数 80千字
版 次 2017年6月第1版
印 次 2025年6月第21次印刷
书 号 ISBN 978-7-5133-2336-9
定 价 45.00元